MILLE ET UN BÉBÉS

Pr. FRANÇOIS OLIVENNES

MILLE ET UN BÉBÉS

Mes histoires extraordinaires de maternité

BERNARD GRASSET
PARIS

Photo de la bande : © JF Paga

ISBN 978-2-246-83079-5

Solitude

Le jour pointe tout juste à travers les persiennes. Dans quelques minutes, j'entendrai Bénédicte et Solange, mes deux fidèles assistantes, commencer dans la pièce voisine leur valse administrative à coups de photocopies, d'impressions, d'appels et autres archivages de dossiers. En attendant, je savoure cet instant de silence qui précède ma journée. J'aime être en avance. Prendre le temps de me poser dans l'obscurité de mon cabinet, entouré des objets qui me réconfortent autant qu'ils fascinent mes patients, en compagnie d'un bon café. Tiens, je n'avais jamais remarqué que, du fond de la pièce, la mère nourricière qui illustre mon affiche ancienne de l'emprunt national de 1920 me regarde fixement. Au creux de son tablier, six nourrissons attendent patiemment qu'elle leur donne le sein. « Tu as vu ça François, je n'en ai pas fait un mais six ! » Oui, c'est bien ça, on dirait qu'elle me nargue. Elle rira moins dans un quart d'heure lorsqu'elle me verra annoncer à Madame F. que ses résultats sont trop mauvais pour que l'on tente un traitement. Combien sont-elles à insister, même lorsque les chances sont infimes ? « Oui, docteur, j'ai une chance sur cent. Mais pourquoi ne pas la tenter ? » Mais tout simplement parce que le but de la FIV, c'est d'avoir un bébé, pas de se faire des piqûres dans les fesses ! Bien sûr, je ne vais pas lui annoncer ça comme ça, mais je lui dois une certaine franchise. Même si c'est difficile, le médecin de la fertilité doit savoir renoncer quand il le juge nécessaire. J'ai exercé dans les hôpitaux publics pendant quinze ans, successivement à l'hôpital Antoine-Béclère de Clamart, où j'ai été formé par le célèbre professeur Frydman, à qui l'on doit notamment Amandine, le premier « bébé-éprouvette », puis à l'hôpital Cochin de Paris, où j'ai dirigé l'Unité de Médecine de la Reproduction. J'exerce désormais dans le privé. Les décisions collégiales et les prises en charge collectives ont laissé place à mon libre arbitre et aux cas de conscience. Dans mon cabinet du 17ᵉ arrondissement de Paris, je suis seul à décider du suivi – ou non – des patients, et de cette porte que l'on peut entrouvrir ou qu'il vaut mieux parfois laisser fermée pour chasser les faux espoirs. Madame F., elle, refuse catégoriquement le recours au don d'ovocytes. Je parcours son bilan, les taux sont si bas… Non, je ne peux malheureusement pas l'aider. Comme à chaque fois que je m'apprête à annoncer une mauvaise nouvelle, j'essaie de m'imaginer à la place de cette femme, de ce couple, pour qui tout s'écroule. Comment aurais-je vécu sans enfants, moi qui suis père de trois personnes formidables, et maintenant grand-père ? Beaucoup d'histoires se finissent bien, heureusement, mais pas toutes. Mon cabinet, comme ceux de tous les spécialistes de l'assistance médicale à la procréation, est le témoin d'échecs plus que de succès. Aujourd'hui, les femmes qui consultent ont souvent plus de trente-huit ans, un âge où la fécondation in vitro est moins efficace… Dans l'entrée, ça s'agite. En me levant, je prends soin de repositionner la boîte de mouchoirs sur mon bureau. Avec la lumière du jour qui a fini par percer, la mère nourricière a retrouvé sa candeur maternelle. Mon café, lui, a refroidi.

I

Docteur Feydeau

« Madame C., c'est à nous ! »

Deux femmes se lèvent à mon appel lorsque je franchis ce matin-là le seuil de la salle d'attente. La plus âgée, tailleur chic, traits stricts et gestes affirmés, emboîte le pas à la plus jeune. Je précède le curieux binôme dans mon bureau et l'invite à prendre place en face de moi. Cela fait quelques années que j'exerce le métier de spécialiste de l'infertilité à l'hôpital Antoine-Béclère et les consultations sont alors surchargées. Afin de faciliter l'entretien et de gagner du temps, mon interrogatoire médical est bien rodé. En une vingtaine de questions, je saisis rapidement la situation et peux avancer dans le diagnostic. Certains médecins préfèrent lancer un chaleureux « Alors, quel bon vent vous amène ? », mais c'est assez risqué lorsqu'on traite d'infertilité. Car commence alors le récit des essais, des échecs, des angoisses. L'affect se mêle aux informations factuelles et l'émotion aux données médicales. Ce qui est normal, les patients ne sont pas médecins. Malheureusement, on ploie sous le nombre de demandes de rendez-vous et la durée d'une consultation n'est pas extensible. Gare au médecin qui ouvre la boîte de Pandore...

Habituellement, je commence par demander la date de naissance de la patiente, sa profession. Je passe ensuite au volet strictement médical : y a-t-il déjà eu des grossesses ? Quels sont les antécédents ? La patiente suit-elle un traitement ? A-t-elle déjà subi une opération ? Fume-t-elle ? Je me tourne vers l'homme, lorsque ce dernier est présent, pour le soumettre au même interrogatoire. Puis, j'en viens à la partie plus intime, leur vie sexuelle. Ont-ils des rapports ? À quelle fréquence ? Ont-ils déjà subi un traitement pour booster leur fertilité ? Réalisé des examens ? Le cas échéant, je jette un œil aux résultats des différentes analyses. Ce jour-là, évidemment, ma petite routine est quelque peu bousculée. Par laquelle des deux femmes assises en face de moi dois-je commencer ? Je demande poliment à la plus jeune si la femme qui l'accompagne est sa mère, comme cela arrive de temps en temps.

« Non, je suis sa belle-mère. »

Je peine à dissimuler ma surprise. Mais dans ce genre de situation, il est préférable de plaisanter pour que le malaise n'ait pas le temps de s'installer. J'ose :

« Vous êtes bien au courant qu'un bébé se fait d'ordinaire en couple et non avec sa belle-mère ? »

Sourire crispé des deux femmes. Visiblement ma plaisanterie n'a pas fait mouche. Sans me démonter, j'amorce l'interrogatoire. La jeune femme répond à mes questions mais de façon évasive, le regard fuyant. Elle a vingt-six ans. Non, elle n'a jamais été enceinte. Jamais malade ni opérée. Ses cycles ? Ils sont réguliers, rien à signaler de ce côté-là. Je demande s'il s'agit de sa première consultation et depuis combien de temps elle essaie d'avoir un enfant avec son partenaire.

La belle-mère intervient à nouveau. Leur démarche est un peu particulière. Le médecin qui suit la jeune femme ne comprend rien à leur problème, elles ne veulent plus le voir. C'est une amie de la famille qui m'a recommandé. La belle-mère m'explique que le bilan effectué par le couple a conclu à une cryptozoospermie, soit une quasi-absence de spermatozoïdes chez son fils. À l'époque, les stérilités masculines sévères sont incurables et la seule solution pour concevoir est d'avoir recours au don de sperme anonyme. Le couple receveur ne connaît alors que les caractères morphotypiques du patient : la couleur de peau, des yeux et des cheveux. Ce n'est que depuis les années 1990 et grâce à la technique révolutionnaire du docteur italien Giancarlo Palermo que l'on peut traiter des hommes avec presque aucun spermatozoïde dans le sperme ou prélever directement les spermatozoïdes dans le tissu testiculaire et les utiliser pour obtenir un embryon. Palermo a véritablement révolutionné le traitement de la stérilité masculine en ayant le cran d'injecter un spermatozoïde dans une ovule avec une aiguille de quelques dixièmes de millimètres. Je me souviens d'un article du *Monde* qui criait à l'époque au « viol de l'ovule ». Vingt-cinq ans plus tard, des centaines de milliers d'individus doivent leur existence à cette technique, et ils vont bien. Mais Palermo est encore loin de faire sa découverte et le diagnostic est sans appel : une grossesse ne peut être obtenue naturellement. Reste la solution du don de sperme. Contre mauvaise fortune bon cœur, le couple avait fini par accepter ce dernier recours. C'était sans compter l'intervention de la belle-mère, mise au courant de la situation.

« Vous comprenez docteur, il est hors de question pour mon mari et moi d'avoir un petit-fils issu d'un donneur anonyme que l'on ne connaît ni d'Eve ni d'Adam ! »

La jeune femme s'enfonce un peu plus dans sa chaise, les yeux rivés au mur derrière moi. Je n'ai pas le temps de lui demander ce qu'elle pense que la belle-mère, en bon général de brigade, m'annonce la suite des événements. C'est très simple, elle a deux fils. L'aîné est déjà le père de deux enfants, des petites merveilles, beaux, gentils et très intelligents. Alors, après tout, pourquoi ne pas utiliser le sperme de ce fils aîné ? Elle lui en a parlé, il est d'accord. Sa belle-fille aussi. Cela n'a pas été facile mais, c'est bon, elle a accepté.

« N'est-ce pas ? »

La jeune femme se contente d'opiner timidement du chef. Le consentement me paraît pour le moins fragile mais la belle-mère, qui ne semble pas s'embarrasser de psychologie, en vient au point essentiel : son fils stérile n'est pas au courant du projet et ne doit l'être sous aucun prétexte. C'est pourquoi elle a mis en place un stratagème digne des meilleures pièces de boulevard, qu'elle prend plaisir à m'exposer. Sa belle-fille va fixer un nouveau rendez-vous avec moi et faire comme s'il s'agissait d'un premier contact. Évidemment, je devrai jouer le jeu et expliquer au couple que, certes, le spermogramme n'est pas bon, mais que je dispose d'une technique miracle et que j'accepte de tenter une fécondation in vitro malgré les mauvais résultats. Ce jour-là, il faudra également que la clinique reçoive son fils aîné afin que ce dernier puisse donner son sperme. En bon maître de vaudeville, je serai en charge des rendez-vous et des portes dérobées. Imaginez un peu si les deux frères se croisent ! Notre laboratoire se chargera du reste et les ovocytes de la jeune femme seront ainsi fécondés avec les spermatozoïdes de son beau-frère, à l'insu de son mari. Si tout se passe comme prévu, le « donneur de sperme » ayant déjà deux enfants, un heureux évènement ne devrait pas être trop compliqué à obtenir.

« Vous voyez, docteur, tout le monde y trouve son compte. Mon cadet sera le papa le plus heureux du monde, mon aîné sera satisfait d'avoir pu rendre service, et, en tant que grands-parents, je ne vous cache pas à quel point cela nous rassurerait que le géniteur reste dans la famille ! »

À aucun moment, l'idée que le médecin puisse refuser la supercherie ou que sa belle-fille ne soit pas tout à fait à l'aise avec l'idée d'avoir un enfant avec son beau-frère, ne semble lui effleurer l'esprit. A-t-elle seulement conscience que cette dernière n'a probablement accepté le plan que pour se soumettre à son autoritarisme ? Et si son fils venait à l'apprendre ? Quant à cet enfant, quelles peuvent bien être les répercussions d'une telle machination sur son développement ?

Je lui explique patiemment tout cela. Je comprends qu'elle veut bien faire, mais je doute que le secret de famille soit la meilleure des méthodes.

Si la loi française interdit ce genre de « pantalonnades » au profit du don anonyme, c'est justement pour éviter les non-dits et permettre au père de s'investir plus facilement dans son rôle.

Les sourcils se froncent, la déception est grande. Mais mon interlocutrice n'est pas à court d'arguments. Il va sans dire qu'une somme conséquente pourrait m'être versée, ainsi qu'à mon équipe, en compensation de cette petite entorse à la loi... Cette fois-ci, c'en est trop. Au-delà du fait que ce contournement légal n'a rien d'anodin, comme elle semble pourtant le suggérer, je refuse de participer à un tel projet. À aucun moment, cette future grand-mère ne semble prendre en compte l'avenir de cet enfant qu'elle s'est imaginé, et le caractère malsain du secret qu'elle s'apprête à imposer à toute sa famille. L'enfant... Paradoxalement, il est le grand absent de mon cabinet. Les couples arrivent avec des désirs, des envies, des rêves, mais finalement, peu se soucient de cet individu en devenir et du poids qu'il devra sans doute porter. Fruit de l'imagination pendant des mois, souvent même des années lors d'un parcours de procréation médicalement assistée, il est difficile d'envisager que les mauvais chiffres qui figurent sur le papier puissent un jour, comme par miracle, engendrer un être humain bien réel.

Pour la matriarche qui me fait face, c'est moi qui manque cruellement d'humanité. Je suis sans cœur, obtus, et pourquoi pas, tant qu'on y est, responsable du malheur de toute sa famille. Après avoir craché son venin, elle ramasse son sac Chanel qu'elle était prête à m'offrir quelques minutes plus tôt en échange de mes bons services, se lève brusquement et, vexée, quitte le bureau. Gênée, la belle-fille balbutie quelques mots de remerciements et quitte timidement la pièce à son tour. Je ne peux m'empêcher de lire sur son visage un petit sourire de soulagement.

II

« Souvent homme varie, bien fol qui s'y fie »

« Espèce d'incapable ! Bon à rien ! Gougnafier ! »

J'accours, du bout du couloir, dans la chambre de ma patiente avant qu'elle ne s'en prenne physiquement à son mari.

« Que se passe-t-il ici ? Vous êtes dans un hôpital. Ce n'est pas tellement le lieu pour une scène de ménage…

— Regardez, docteur, cet abruti n'a pas été fichu de recueillir son sperme ! À cause de lui, tous ces mois de traitements n'auront servi à rien ! Faites-le sortir de ma chambre, je ne veux plus le voir ! »

Si on m'avait dit qu'être gynécologue reviendrait bien souvent à faire de la thérapie de couple, pas sûr que j'aurais suivi cette voie-là. Heureusement, la dispute finit par baisser d'un ton. Et le mari par sortir « prendre l'air », tout penaud. Le couple est entré le matin même dans mon service pour une fécondation in vitro. La ponction des ovocytes a eu lieu sans encombre. Côté sperme, c'est plus compliqué puisque le mari n'est pas parvenu à procéder au recueil. Connaissant un peu sa femme, fille d'un haut dignitaire d'Europe de l'Est au physique de Monica Bellucci et au tempérament de feu, je devine que le mari, plutôt timide et effacé, vient de se prendre une sacrée soufflante. À l'époque, on ne savait pas congeler les ovocytes. Si ceux-ci n'étaient pas mis en contact immédiat avec le sperme, tout le protocole tombait à l'eau. On n'avait plus qu'à tout recommencer.

Deux mois après cette scène pour le moins gênante, je vois arriver ma patiente en consultation. Seule cette fois. Je lui demande à peine comment elle va qu'elle monte à nouveau sur ses grands chevaux, et accuse ciel et terre de lui avoir donné un mari pareil. Peut-être par solidarité masculine, je viens en aide à l'absent :

« Écoutez, ça peut arriver. Il effectuera un spermogramme avant le traitement, on congèlera ses spermatozoïdes et vous referez une FIV sans problème. D'ailleurs, pourquoi il n'est pas venu avec vous aujourd'hui ? »

Avec son accent slave et un petit sourire charmeur, elle me répond :

« Il est dans la voiture, docteur. Je lui ai interdit d'assister à la consultation. Comme il est incapable de me donner son sperme, je veux qu'il imagine tout ce que nous pourrions faire ensemble, vous et moi, dans ce bureau. »

S'il m'arrive de temps en temps de devoir gérer des difficultés de recueil de sperme, c'est bien la première fois qu'on m'utilise pour accélérer le processus... Pauvre homme ! J'observe habituellement ces échecs chez les hommes pour qui la masturbation est peu, voire jamais pratiquée. C'est le cas notamment chez certains catholiques, juifs ou musulmans très pratiquants, pour qui elle est considérée comme un péché. Il faut aussi reconnaître que procéder à la chose dans une petite pièce glauque d'hôpital n'est pas une situation très excitante... On se souvient tous de la scène mythique de la comédie *XY*, lorsque le personnage joué par Patrick Braoudé tente désespérément et sans succès de trouver un caractère érotisant à un poster de biche affiché sur le mur d'une cabine de prélèvement. À Béclère, nous avions fini par remédier au problème en transformant celle-ci en véritable petit boudoir aux couleurs chatoyantes, doté de revues et de films pornographiques. Revues pornographiques qui avaient d'ailleurs besoin d'être renouvelées, car elles disparaissaient très régulièrement... Malgré tous ces efforts, c'est un fait, certains patients ne parviennent pas à dépasser leurs blocages.

Je me souviens d'une histoire peu banale, qui ne m'est arrivée qu'une seule fois en plus de trente ans de carrière. Je suis le premier médecin que consulte ce couple après quatre ans de vie commune, un mariage et un projet d'enfant inassouvi depuis un an environ. Mari et femme se sont prêtés à l'ensemble des examens complémentaires sans rechigner. Leur relation semble harmonieuse et le mari est présent à chaque consultation. Le bilan révèle une atteinte des trompes chez la patiente ; la fécondation in vitro est donc parfaitement adaptée à leur difficulté. J'explique le parcours, qui concerne essentiellement la femme. Une quinzaine de jours de piqûres, ponctués de trois ou quatre visites à l'hôpital pour surveiller le traitement grâce à des prises de sang et des échographies. Au terme de ces quinze jours, une hospitalisation de quelques heures pour réaliser la ponction folliculaire. En d'autres mots, récupérer les ovocytes. Le même jour, le mari devra donner son sperme au laboratoire de façon à ce qu'ovocytes et spermatozoïdes soient mis en contact in vitro. Quelques jours après la ponction, le ou les meilleurs embryons sont transférés dans l'utérus de la femme. À l'époque, le transfert avait lieu deux ou trois jours après la ponction ; aujourd'hui, on attend souvent cinq jours, ce qui permet de mieux sélectionner les embryons au fort potentiel d'implantation.

Tout se passe comme prévu. Le traitement se déroule parfaitement. La patiente répond très favorablement à la stimulation ovarienne, l'on peut espérer une bonne collecte d'ovocytes et donc, potentiellement, un bon nombre d'embryons si l'étape du laboratoire se déroule bien, ce qui est le cas dans la grande majorité des cas. Le jour de la ponction folliculaire, ma patiente apparaît soulagée. Soulagée que le traitement soit terminé, qu'il se soit déroulé sans trop d'effets secondaires, soulagée d'avoir survécu à ce qu'on décrit souvent comme le « parcours du combattant », soulagée surtout que la bonne réponse ovarienne laisse envisager de bons résultats biologiques. Finalement, une quinzaine d'ovocytes sont obtenus. À cette annonce, dans la salle de surveillance où elle se réveille doucement de son anesthésie, elle pleure de joie. Tout se présente sous les meilleurs auspices, quand je reçois un appel du laboratoire. Quelques étages plus bas, c'est le drame : le mari ne parvient pas à recueillir son sperme. Cela fait plusieurs heures, et rien ne vient. À bout de nerfs, il est sorti prendre l'air sur le parking de l'hôpital. Je le rejoins et essaie de dédramatiser la situation. Qu'il prenne son temps, on n'est quand même pas à cinq minutes près.

L'essentiel, pour l'heure, c'est qu'il se détende. Pour le motiver, je lui annonce le nombre très encourageant d'ovocytes obtenus. Est-ce qu'il préfère essayer de procéder au recueil tranquillement avec sa femme dans une chambre de l'hôpital ? Non, il ne veut pas en entendre parler.

« Avec tout ce que ma femme a subi ! Les traitements, les bilans, la ponction… Je m'en veux tellement, docteur, je me sens coupable, si vous saviez… »

Il n'y aura pas de sperme ce jour-là. Les ovocytes ne pouvant être mis en contact avec le sperme que pendant quelques heures et ne pouvant être congelés, tout avait été fait pour rien. Jeter des ovocytes après tant d'efforts… J'essaie d'avoir les mots pour réconforter la jeune femme, mais au fond, je ne comprends que trop bien sa tristesse et sa colère.

Plusieurs semaines passent, et les revoilà en consultation. La tension s'est apaisée, ils sont prêts à repartir à l'attaque. Bien ! Pour assurer nos arrières, je demande au mari de réaliser des paillettes de sperme congelées, au cas où un blocage l'empêcherait à nouveau de procéder au recueil. Je suis certain qu'avoir un plan B diminue l'angoisse de répétition. Les paillettes sont réalisées sans plus attendre et tout est rapidement en ordre pour le deuxième essai. À nouveau, la réponse de la patiente au traitement est excellente, et nous recueillons une douzaine d'ovocytes. Quant au mari, bonne nouvelle, cette fois-ci, le recueil fonctionne. Non sans quelques difficultés, mais le résultat est là, c'est l'essentiel. Ma patiente ne cache pas son soulagement. Ni sa joie le lendemain, lorsque je lui apprends que, sur les douze ovocytes mis en fécondation, neuf ont donné un embryon. Je la félicite de cet excellent résultat et programme le transfert deux jours plus tard.

Mais le jour même, en milieu d'après-midi, ma secrétaire m'appelle en pleine consultation et me demande de venir la voir dès que possible pour un problème grave et urgent. Je m'éclipse entre deux rendez-vous et découvre dans son bureau un fax d'une page. Elle me conseille de m'asseoir avant de le lire.

« Lettre à l'attention du Dr François Olivennes. Docteur, je vous informe que je m'oppose totalement au transfert des embryons de Mme D. À l'origine des embryons, et conformément à la loi, il faut l'accord des deux membres du couple pour transférer les embryons. Mon opposition est totale et définitive. Merci de faire en sorte que ma décision soit respectée. Bien à vous. »

Ça alors ! Je n'avais jamais été confronté à une situation pareille. Une séparation en quelques jours, entre la ponction et le transfert ? C'est vraiment incroyable. Je tente de joindre le mari, en vain. J'essaie avec ma patiente, qui accuse le choc. Elle n'était pas au courant pour le fax, mais venait d'apprendre elle aussi la décision de son époux. Il avait quitté le domicile conjugal. Tout compte fait, il ne voulait pas d'enfants. Il n'avait pas donné davantage d'explications. Je propose à la jeune femme que nous attendions quarante-huit heures. On ne sait jamais, des fois qu'il changerait d'avis… Mais rien ne changea. Pire, le mari avait jugé bon de confirmer sa décision en renvoyant le fax à la direction de l'hôpital et au chef de service !

À l'époque, la loi de bioéthique interdisait de conserver des embryons non destinés au transfert. La biologiste devait donc les détruire puisque le mari s'opposait à tout transfert présent ou futur. Après une réunion houleuse, je finis par la convaincre de les conserver au moins trois mois, au cas où la situation évoluerait favorablement. Deux mois plus tard, c'est ma patiente elle-même qui mit fin à cette mascarade. Que l'on détruise une bonne fois pour toutes ces embryons, son mari n'avait pas changé d'avis et elle venait de demander le divorce.

III

Incognito

Pour garder l'anonymat et éviter que leur PMA ne s'ébruite, certaines célébrités sont prêtes à tout. Le médecin de la fertilité se voit alors investi d'une mission quasi impossible : éviter que la grossesse fuite et qu'elle fasse la une des médias. Or, on le sait, l'hôpital est loin d'être la grande muette.

Je me souviens d'un scénario mis en place il y a quelques années pour garder secrète la FIV d'une actrice américaine. Non seulement elle ne voulait pas que sa démarche soit connue du grand public, mais surtout, il fallait à tout prix garder le secret à propos de l'identité de son partenaire. Bien qu'aussi célèbre de part et d'autre de l'Atlantique, la jeune femme pensait qu'elle serait plus en sécurité et à l'abri des paparazzades américaines si elle suivait un protocole en France plutôt que dans son pays. J'avais promis la discrétion absolue.

Je savais d'expérience, pour avoir vu le prénom, le poids, la taille de mon fils publiés dans un journal trois jours seulement après l'accouchement de mon ex-femme – une actrice en vogue –, que l'affaire ne serait pas simple. Il n'est pas rare que des membres du personnel hospitalier aient la langue un peu trop pendue. Certains seraient même prêts – c'est affligeant – à vendre des informations à la presse *people* pour arrondir leurs fins de mois…

Le problème de la fécondation in vitro, c'est qu'elle nécessite la collaboration de plusieurs personnes, ce qui, bien sûr, multiplie les risques de divulgation. Il y a le gynécologue, qui prescrit le traitement de stimulation d'ovulation. Pendant quinze jours, la patiente s'administre elle-même une piqûre quotidienne pour faire pousser les follicules. 20 à 30 % des femmes n'aiment pas se faire les injections et font appel à une infirmière. Au lieu d'avoir un ou deux follicules comme lors d'un cycle normal, la stimulation permet d'en obtenir jusqu'à vingt. Des échographies doivent être réalisées régulièrement pour surveiller la réponse au traitement et déterminer le jour le plus favorable à la ponction. Cette dernière est réalisée par le gynécologue assisté d'une infirmière et parfois d'un anesthésiste. Si tout va bien, chaque follicule contient un ovocyte. C'est ce que doit vérifier le technicien du laboratoire, qui analyse le résultat de la ponction. Un passe-plat sépare bien souvent la salle d'opération du laboratoire, ce qui permet de gagner du temps.

Ce laboratoire, c'est le nerf de la guerre, le cœur de chauffe de la FIV. Il permet de maintenir non pas la chaîne du froid, mais la chaîne du chaud, car il faut absolument que les ovocytes restent le plus longtemps possible dans un environnement à 37 degrés, la température du corps de la femme. Une fois le liquide analysé, les ovocytes sont isolés et mis de côté. Puis ils sont mis en contact avec les spermatozoïdes pour obtenir les embryons. L'ensemble est alors mis en observation dans une étuve dont la température est maintenue à 37 degrés. Reste alors une dernière étape : le transfert. En général, celui-ci intervient entre trois et cinq jours plus tard, lorsqu'on est certain que l'embryon se développe bien.

Au minimum, l'opération mobilise donc trois personnes : le gynécologue, l'infirmière et le laborantin. Sans compter le personnel administratif censé viser les documents... Je n'avais pas droit à l'erreur, il fallait que mon stratagème soit millimétré. À l'époque, j'étais entouré à l'hôpital Béclère d'une équipe d'infirmières de choc. Marie-Christine, Danièle et Elisabeth avaient toutes les trois fait leurs gammes aux côtés de René Frydman, qui était devenu le chef de tout le service de gynécologie obstétrique et dirigeait tout à la fois la PMA, les accouchements et la chirurgie gynécologique. Ces infirmières l'avaient fidèlement suivi pendant plus de quinze ans, effectuant aussi bien les prises de sang, les monitorages et l'accompagnement des ponctions et des transferts. Elles ne comptaient pas leurs heures et montraient un engagement à toute épreuve.

Parmi la *dream team* des infirmières, je décide de choisir Marie-Christine, que je connais depuis des années et que je sais digne de confiance. C'est avec elle que je mets au point mon plan d'action. Il faut d'abord réaliser discrètement un double des clés d'accès au bâtiment. Nous avions besoin, pour cela, de subtiliser le sésame quelques heures et de foncer chez un serrurier de Meudon, la commune la plus proche de Clamart, pour être sûrs de ne pas croiser de confrères de l'hôpital. La patiente, quant à elle, n'aurait qu'à fournir les examens complémentaires indispensables et s'enregistrer sous une fausse identité.

La procédure a lieu à cinq heures du matin, heure à laquelle personne n'est censé errer dans les couloirs de cette unité de l'hôpital. Marie-Christine et moi nous étions mis d'accord sur le choix de la technicienne de laboratoire, une jeune femme très douée et extrêmement discrète, qui ne serait pas tentée d'en savoir davantage sur les raisons de ce protocole bien matinal... Le passe-plat qui sépare la salle d'opération du laboratoire ne permet pas de voir distinctement la patiente allongée. Je préfère cependant assurer mes arrières en donnant à la laborantine le nom d'une autre actrice américaine pour justifier que la procédure se déroule aux aurores. On n'est jamais trop prudent. Reste un point délicat : l'anesthésie. La ponction des follicules s'effectue en effet le plus souvent sous anesthésie générale, ce qui aurait impliqué de mettre dans la confidence deux personnes supplémentaires : l'anesthésiste et son infirmière. Heureusement, la patiente n'avait rien contre une anesthésie locale. Je pouvais donc l'effectuer moi-même. Le jour J, tout est prêt pour accueillir la star internationale. Par chance, le bâtiment des FIV est situé un peu à l'écart de l'entrée principale. La patiente arrive à l'aube en taxi, incognito et sans garde du corps, les cheveux dissimulés par un bonnet et d'immenses lunettes de soleil sur le nez. Ni vue ni connue.

L'opération se déroule comme prévu et on remet ça trois jours plus tard pour transférer l'embryon. Je me souviens encore des semaines qui ont suivi cette intervention pas comme les autres. Avec Marie-Christine, nous sommes restés suspendus à la sonnerie du téléphone, dans l'attente – interminable – d'une heureuse nouvelle venue des États-Unis. Qui finit – enfin – par arriver. Tout avait donc parfaitement fonctionné : grâce à nous, l'actrice était enceinte ! Neuf mois plus tard, la naissance du bébé fit grand bruit. Impossible de rater la star en une des magazines, en mère épanouie cramponnée à sa poussette de luxe. Jamais, pourtant, la méthode de procréation et le nom du partenaire ne furent mentionnés dans la presse. Mission accomplie. Je conserve précieusement le faire-part du bébé dans un tiroir de mon bureau et il m'arrive de temps en temps de tomber dessus et de me remémorer cette aventure rocambolesque.

Aux États-Unis, une FIV classique coûte entre 12 et 15 000 dollars. Déroutée d'avoir versé moins de 20 % de cette somme, l'actrice voulut me faire un cadeau pour me remercier. Ce qui me ferait plaisir ? Je n'avais pas pour habitude d'accepter une quelconque compensation. Évidemment, il ne m'était pas possible d'accepter d'argent de sa part. Je décidai de plaisanter pour clore le chapitre :

« À part une Harley Davidson pour faire la route 66, je ne vois pas. »

Quelques semaines plus tard, je reçus par la poste une carte de remerciements accompagnée d'un aller-retour en business et d'un bon-cadeau pour passer une semaine dans l'un des plus beaux hôtels de Los Angeles. Si j'ai refusé ? Certainement pas. On ne contrarie pas une star de cinéma.

IV

Inch'Allah

Dans la carrière d'un médecin, il est certains visages que l'on n'est pas près d'oublier. Je me souviendrai longtemps de celui de Loubna. Elle est entrée dans mon bureau un jour de juin 2004. Malgré les efforts apparents – une djellaba aux couleurs chatoyantes, un foulard dans les cheveux et de jolis tatouages au henné sur le visage et sur les mains –, je lis une profonde tristesse sur son visage. Sans détour, la jeune femme me raconte sa traversée de l'enfer. Elle a trente-neuf ans, vient d'Algérie et a perdu ses deux enfants de quatre et six ans dans le séisme de Boumerdès, le 21 mai 2003. Le chemin n'a pas été simple, et elle n'a évidemment pas encore fait le deuil de ses petits, mais voilà, c'est ainsi, elle ne peut pas imaginer sa vie sans enfants. Elle m'explique être retournée consulter à Alger le gynécologue qui l'avait déjà aidée à concevoir son deuxième enfant. Cette grossesse avait nécessité une assistance médicale à la procréation, le sperme de son mari étant très faible. Malheureusement, la situation s'est dégradée et le gynécologue a constaté que, cette fois-ci, les ovaires de Loubna sont également beaucoup moins actifs que quelques années auparavant. Est-ce lié au stress post-traumatique ? Au drame traversé par le couple ? La jeune femme reconnaît s'être posé pas mal de questions. Désespéré à l'idée de ne plus pouvoir avoir d'enfants, le couple a alors pris la décision de venir consulter en France, où les résultats sont réputés meilleurs. Certes, ils n'ont pas beaucoup d'argent mais ils ont réussi à réunir les fonds nécessaires pour un essai, et un seul.

« Je vous en supplie, docteur. Il faut réussir du premier coup ! »

Je n'ai pas droit à l'erreur. Or, on le sait, les chances de réussite de la fécondation in vitro chutent drastiquement dès lors que la femme dépasse trente-huit ans. Sans tarder, le dossier de Loubna est présenté lors de la réunion hebdomadaire du service de fertilité et nous décidons de faire une FIV, qui donne de meilleurs résultats que les inséminations.

Le traitement commence immédiatement. Loubna enchaîne les piqûres et les contrôles échographiques afin de déterminer le moment idéal pour effectuer la procédure. Six ovocytes sont obtenus lors du prélèvement. Dans chacun d'entre eux, on injecte un spermatozoïde recueilli auprès de son mari. Mais à l'arrivée, seuls deux embryons sont viables. Pour le couple, c'est la douche froide. Le jour du transfert, j'essaie comme je peux de leur remonter le moral : ces deux embryons sont de bonne qualité, tous les espoirs sont donc permis. Il faut y croire.

En les voyant quitter la clinique, peu rassurés sur leur sort, je suis gagné par l'émotion. Et si ça ne fonctionnait pas ? Et si Loubna devait faire le deuil d'un bébé à venir en plus de celui de ses deux enfants perdus ? Comment le médecin et le père de famille que je suis pourra-t-il accepter cet échec ? Quinze jours après, encore bouleversé par leur histoire, j'apprends que le test de grossesse réalisé au retour en Algérie est positif. C'est le mari de Loubna qui m'appelle. Je l'entends pleurer de joie à l'autre bout du fil. Lorsque, quelques mois plus tard, je reçois les remerciements du couple accompagnés de la photo du bébé, je ne peux m'empêcher de verser une larme à mon tour.

V

Il a fait un bébé tout seul…

« Docteur, j'aimerais tellement que ma femme tombe enceinte ! »

S'il n'est pas évident de recevoir les femmes en consultation sans leur mari, c'est autrement délicat de recevoir les hommes sans leur femme. Celui qui franchit la porte de mon bureau ce jour-là a une petite quarantaine d'années. Il est banquier dans le quartier, et passe matin et soir devant la plaque de mon cabinet, dans le 17e arrondissement. Il y a quelques semaines, il a décidé de sauter le pas et de prendre rendez-vous. En costume-cravate, le teint blafard, l'air préoccupé, il me confie venir lors de sa pause déjeuner, sa femme n'est pas au courant.

J'annonce d'emblée : il va m'être difficile d'évaluer le protocole adapté au couple si je ne dispose que de la moitié du puzzle.

« Mais le problème vient de moi, docteur. J'en suis persuadé. »

Je lui demande s'il a déjà effectué un spermogramme, pour être aussi sûr de lui.

« Le problème ne vient pas de mon sperme, docteur, mais de mon éjaculation. »

J'ouvre grand les yeux.

« Allons bon, et que se passe-t-il donc avec votre éjaculation ?

— Je n'éjacule pas assez loin. »

Rien ne m'amuse davantage que les patients qui arrivent avec leur propre diagnostic. Que viennent-ils chercher sinon la confirmation de leurs élucubrations ? Au ton très grave du monsieur, je comprends que l'heure n'est pas à la rigolade. Je me retiens donc de rire. Et demande, le plus sérieusement du monde, ce qui lui fait penser que son éjaculation n'est pas assez puissante.

« C'est très simple. Je me suis rendu compte, en regardant des films pornographiques, que le jet est toujours beaucoup plus fort que le mien. Alors, comme ma femme n'arrive pas à tomber enceinte, j'en déduis que ce doit être lié. »

J'en entends des bêtises, dans mon cabinet… Il y a ceux qui calculent n'importe comment les jours de fertilité et appliquent une méthode contraceptive alors qu'ils pensent booster leur fertilité, celles qui ont lu dans des magazines que le fait de lever les jambes pendant deux heures après un rapport augmenterait les chances de tomber enceinte… Bref, j'en vois de toutes les couleurs, mais celle-là, je dois reconnaître qu'on ne me l'avait jamais faite ! Il est évident qu'avec ce monsieur, l'humour ne peut être une porte de sortie. Je dois m'improviser pédagogue. Avec tact, je lui explique donc que l'industrie pornographique n'a rien à voir avec la réalité, et que les productions fixent souvent le long du sexe des acteurs un tuyau relié à une petite pompe magique. D'où ces éjaculations effectivement spectaculaires. Et oui, monsieur, l'industrie du X est le paradis des effets spéciaux, vous ne le saviez pas ?

Il est revenu deux ou trois fois, toujours seul et obsédé par ses soi-disant problèmes d'éjaculation. Nos conversations tournaient tellement en rond que j'ai fini par me demander s'il avait réellement une compagne ou s'il ne s'agissait pas d'un fou qui venait projeter dans mon cabinet ses rêves de paternité. Si sa femme existait bel et bien, peut-être, tout simplement, ne voulait-elle pas d'enfants avec lui ? Pour finir, je lui ai conseillé d'aller consulter un sexologue. Sûrement m'a-t-il entendu cette fois-ci, car je n'ai plus jamais entendu parler de lui.

VI

La chance sourit aux audacieux

« C'est la consultation de la dernière chance, docteur. »

Voix chevrotante, yeux embués. Cette entrée en matière n'a rien d'exceptionnel. De nombreux patients arrivent dans mon cabinet en fin de parcours, après avoir consulté plusieurs gynécologues ou professionnels de la fertilité, visité tout ce que leur ville compte de laboratoires d'analyses et de cabinets d'échographistes. J'ai reçu un jour un couple qui transportait les documents de quinze ans de prise en charge dans un « caddie » de courses alimentaires.

L'épuisement est physique, émotionnel ; et il est évident que les ressources manquent pour croire encore au miracle. La femme que je reçois en cette belle matinée d'hiver semble désemparée. Depuis qu'elle est entrée, ses yeux verts n'ont pas lâché les deux cigognes qui surplombent ma table d'examen. Ces grandes statues en ciment m'accompagnent depuis plus de vingt ans. Je les ai trouvées aux Puces, elles sont kitchissimes, typiques des années 1970, mais je les adore et suis toujours satisfait de l'effet qu'elles produisent sur certaines patientes. Il n'est pas rare qu'on les ignore superbement lors des premières consultations et qu'on les découvre ébahi dès que le processus de conception devient bel et bien concret. Ah, le pouvoir de l'inconscient ! Pour le coup, ma patiente du jour ne semble pas indifférente. Emmanuelle est femme de vigneron, elle vit avec son mari dans le sud de la France. Le couple a déjà consulté plusieurs médecins mais aucun n'a pour l'instant réussi à trouver une issue à leur situation. Elle vient me voir sur les conseils d'un ami proche qui lui a dit beaucoup de bien de mon travail.

Son problème ? Elle a quarante-deux ans. Cela reste relativement méconnu, mais en matière d'infertilité, l'âge est véritablement le mal du siècle. Passé trente-cinq ans, il est beaucoup plus difficile de tomber enceinte. Point d'égalité ici, dame nature est la reine des injustices. Si les hommes fabriquent toute leur vie des spermatozoïdes, les femmes, elles, naissent au contraire avec un stock limité d'ovocytes. Pire, ce stock va s'amenuiser au fil du temps. À quel rythme ?

C'est là une question cruciale à laquelle il est difficile de répondre. Toutes les femmes ne naissent pas avec le même nombre d'ovocytes et la réserve ne s'épuise pas au même âge. C'est la grande loterie. Si le facteur génétique est bien sûr déterminant, un certain nombre d'éléments toxiques peuvent entrer en ligne de compte. On sait, par exemple, que le tabac ou les différents traitements contre le cancer peuvent accélérer la diminution du stock. On suspecte également les fameux perturbateurs endocriniens, ces facteurs chimiques qui se cachent partout dans notre alimentation, nos produits ménagers, nos cosmétiques… C'est cruel à entendre car, à quarante ans – soit même pas la moitié de l'espérance de vie d'une femme ! –, on a l'impression d'avoir la vie devant soi. En réalité, c'est déjà un âge tardif pour songer à faire un enfant. Alors que l'espérance de vie de l'espèce humaine a quasiment doublé depuis le début du XXe siècle, la fertilité féminine, elle, n'a pas bougé d'un iota. Elle décline irrémédiablement à partir de trente-cinq ans, décroît rapidement à partir de quarante et devient très faible passé quarante-trois ans.

Les examens d'Emmanuelle ne laissent aucun doute : elle appartient au groupe des femmes peu chanceuses, dont les ovaires sont particulièrement faibles à quarante ans. Ses dosages hormonaux sont très perturbés et l'échographie est sans équivoque. Je suis toujours gêné car, en matière de fertilité, on ne peut pas grand-chose contre le temps qui passe. Pas de traitement connu à ce jour et malheureusement, les différentes techniques d'aide médicale à la procréation ne sont d'aucun secours. Non seulement il n'est pas possible d'augmenter le nombre de follicules mais on ne peut pas non plus améliorer la qualité de ceux qui restent. Je lui explique ces difficultés et l'absence de procédure thérapeutique efficace. A-t-elle envisagé un don d'ovocytes ? Ce serait, selon moi, la seule solution médicale. On lui en a parlé mais ce n'est pas le choix du couple pour l'instant, qui, me confie-t-elle, espère encore un miracle.

« Vous y croyez, vous, au miracle, docteur ? me demande-t-elle sans lâcher des yeux mes deux cigognes. Je vous préviens, je vais avoir du mal à lâcher l'affaire tant qu'on ne m'aura pas clairement annoncé que je dois faire une croix définitive sur mon désir d'enfant. »

Je ne peux qu'approuver sa ténacité. « Aie toujours le regard fécondant », me disait souvent René Frydman lorsque nous travaillions ensemble à Clamart. Rien ne résume mieux mes journées que cette jolie expression. Une façon de dire que, souvent, en redonnant un peu d'espoir au couple, la moitié du boulot est faite. C'est vrai. À l'époque où j'exerçais à Antoine-Béclère, j'avais dans mon équipe une gynécologue géniale qui venait souvent me voir pour connaître mon secret : « Mais comment tu te débrouilles, François, pour que les femmes qui viennent te consulter tombent immédiatement enceintes ? » J'assurais en rigolant que non, je ne pratiquais aucun rite vaudou, et j'insistais sur l'importance psychologique de la première rencontre. Si la patiente ne souffre pas d'infertilité organique – un problème médical avéré qui empêche la conception d'un enfant –, même si elle a déjà écumé tous les cabinets d'obstétrique, il est encore autorisé d'espérer. Quelle idée, même si les chances sont infimes, d'annoncer d'emblée : « Vous ne tomberez jamais enceinte, madame. » Au contraire, si une chance même très faible existe, il faut le dire au couple. On ouvre peut-être une porte au possible. Et qui sait si croire la grossesse possible n'augmente pas les chances qu'elle survienne ? Bien sûr, on ne peut pas non plus éliminer la coïncidence entre la consultation et la survenue de la grossesse. Une chance faible n'est pas une absence de chance.

Au fond, une grossesse, c'est un peu comme le loto. On peut essayer pendant trois ans sans succès, et puis, un beau jour, alors qu'on n'y croyait plus, comme par magie, ça marche. Pourquoi ?

on ne le sait pas. Dans probabilités il y a probable ! Nous disposons de pas mal d'examens qui nous permettent d'évaluer si les chances d'une grossesse en PMA sont quasi nulles. Mais ces examens ne sont pas aussi fiables pour évaluer les chances de grossesse spontanée. Ces fameuses grossesses miracles… Alors, pourquoi pas pour Emmanuelle ? Après tout, j'ai déjà vu des grossesses spontanées advenir dans des situations plus catastrophiques que la sienne.

Je propose de procéder immédiatement à une échographie pour vérifier le statut des ovaires. L'examen se déroule normalement. Mais alors que je m'apprête à retirer la sonde vaginale, surprise, j'aperçois sur mon écran un très beau follicule proche de l'ovulation. L'utérus, lui, est parfait, avec un bel endomètre. En clair, tous les paramètres sont réunis pour mener à une grossesse. J'en informe immédiatement Emmanuelle. C'est la première fois qu'un examen gynécologique se termine par une bonne nouvelle, me répond-elle. Évidemment, j'ai aussi constaté que ses ovaires sont particulièrement pauvres en follicules. Mais est-ce bien nécessaire de le mentionner ? Je choisis de rester sur une belle note et de ne pas évoquer ce dernier point.

Voilà comment je vois les choses. En sortant de mon cabinet, elle va s'arrêter à la pharmacie qui se situe au coin de la rue et acheter une injection. Celle-ci devrait provoquer l'ovulation et favoriser le timing de la rencontre avec les spermatozoïdes. Ensuite, c'est à eux de jouer. Pour que les spermatozoïdes soient au rendez-vous de l'ovulation, il faut absolument que le couple ait un rapport le lendemain, puis quarante-huit heures plus tard. Elle m'explique que ce n'est malheureusement pas possible, qu'elle est venue seule à Paris pour un salon de dégustation et que son mari est resté au domaine. Qu'importe, il n'y a plus de temps à perdre. « Annulez tout et sautez dans le premier train pour Avignon. Dans neuf mois, c'est l'accouchement ! », je lance, à la fois amusé et plein d'espoir. Avant de quitter mon cabinet le sourire aux lèvres, Emmanuelle jette un dernier regard à mes cigognes, comme pour se porter chance.

J'ai toujours été intimement convaincu que le discours médical et l'accompagnement du patient jouaient un rôle déterminant dans la survenue d'une grossesse. L'aspect psychologique est souvent le grand oublié des cabinets de consultation en fertilité. Or, quoi de plus important que de se sentir soutenu, entendu, accompagné dans ce parcours du combattant ? Bien sûr, le lien de cause à effet de la bienveillance du médecin sur la réussite du projet est difficile à prouver et d'ailleurs, beaucoup ne croient pas du tout à cette hypothèse. Mais mon expérience m'a prouvé plus d'une fois que j'avais raison.

Et cette histoire en est la preuve. Trois semaines après son rendez-vous, l'heureuse nouvelle tombe enfin. « C'est un miracle », se réjouit Emmanuelle au bout du fil. Comme elle a bien fait de suivre mes instructions à la lettre… Ça y est, elle est enceinte ! Évidemment, c'est un coup de chance phénoménal, et je n'ai pas fait grand-chose. À part, peut-être, entrouvrir cette « porte psychique » que tant de médecins, par peur de décevoir, préfèrent laisser fermée…

Par un heureux hasard, j'ai recroisé sa route plusieurs années plus tard. Un soir de réveillon, alors que je dînais avec mes enfants dans un petit bar à vin où j'ai mes habitudes, nous nous sommes retrouvés presque nez à nez. Sur le coup, elle ne m'a pas reconnu, mais dès qu'elle a entendu ma voix, elle a fondu en larmes et s'est jetée dans mes bras.

« Je vous dois mon fils, docteur. »

Inutile de rectifier et de rappeler qu'au fond, vous n'avez presque rien fait, que c'est la nature qui fait des miracles. Pour ces mères « de la dernière chance », vous êtes le sauveur. Et, ma foi, ce n'est pas désagréable.

VII

Like a virgin

Ses petites mains blanches tripotent nerveusement les bibelots qui ornent la bibliothèque. La jolie pirogue africaine avec ses deux figures maternelles et ses grosses têtes de nourrissons, offerte il y a des années par une amie artiste, manque de terminer en morceaux sur le parquet. Mon bureau, dans lequel l'enfant est tant fantasmé, tant attendu, n'est décidément pas *kids friendly*. Il arrive, bien sûr, que les couples viennent me présenter leur bébé, mais finalement, peu d'enfants en franchissent le seuil. Celui qui entre cet après-midi-là ne tient pas en place. Ses mains parcourent mes livres, s'agrippent aux vêtements pendus au portemanteau, et retournent chaque cadre, chaque objet, comme à la recherche de quelque chose digne d'intérêt. Le petit garçon doit avoir cinq, peut-être six ans, et ne prête absolument pas attention aux réprimandes de sa mère.

La pirogue africaine, j'y tiens beaucoup et le lui fais donc savoir. Doucement, mais fermement, je l'invite à s'asseoir et à ne plus rien toucher. Sa mère, que je n'avais pas pris la peine d'observer jusque-là, happé comme je l'étais par le petit, abonde timidement dans mon sens : « Écoute le monsieur. » Une fois l'enfant installé sur le fauteuil à côté de sa mère, je peux enfin me détendre et écouter ce qui amène ce drôle de « couple » à me consulter. La mère, le teint diaphane et l'air triste, est vêtue de noir de la tête aux pieds. Alors que nous sommes en juin, elle porte un petit chapeau de pluie tout affaissé, qu'elle retire furtivement en s'asseyant. Ce petit garçon – elle me montre son fils du doigt – a été obtenu par insémination avec donneur, en Angleterre. Sa situation est particulière, me confie-t-elle. Elle est vierge. Elle n'a jamais eu de relation avec un homme.

« D'ailleurs, les hommes, c'est tous des salauds ! »

Je doute que ce type de remarques soit très constructives pour l'homme en devenir assis à côté d'elle, mais je décide de ne pas l'interrompre.

Aujourd'hui, la jeune femme désire un deuxième enfant. Toujours avec un donneur, mais cette fois-ci, elle aimerait ne pas avoir à traverser la Manche pour être prise en charge. Elle semble ignorer que l'insémination des femmes seules est interdite en France. Certes, la loi française l'a autorisée depuis, mais à l'époque de cette visite, c'est encore interdit. Je le lui explique et ajoute que les Belges, qui ont largement étudié l'accès des femmes seules à la maternité, ont montré que les mères avec un fort rejet de la figure masculine entretenaient souvent une relation trop fusionnelle avec l'enfant et que celui-ci avait davantage tendance à développer des troubles du comportement.

« Encore une théorie fumeuse », me répond sèchement la jeune femme.

Alors qu'elle prononce ces derniers mots, mon regard se pose un instant sur le petit garçon qui, à mon sens, n'aurait jamais dû assister à cette conversation. Que peut-il bien se passer dans la tête d'une mère pour qu'elle vienne en consultation accompagnée de son fils ? On pourrait penser que les femmes infertiles viennent systématiquement accompagnées de leur mari. Il n'en est rien. Elles viennent souvent seules, parfois avec leur mère, parfois avec une amie. J'avais même une patiente américaine qui venait systématiquement accompagnée de son chien ! Ou encore ce couple que j'avais aidé à procréer et qui était revenu me voir avec ses jumelles de cinq ans pour savoir s'il était possible d'utiliser les autres embryons congelés ! Sans se soucier de ses filles assises à côté d'elle, la femme m'avait presque supplié : « Un par un cette fois-ci, docteur, parce que des jumeaux, je ne refais pas. C'est l'horreur ! » Le mari n'avait pas tiqué et les gamines affichaient une petite moue imperturbable. Drôle de famille…

Alors que mon esprit divague, le rejeton se lève brusquement du fauteuil sur lequel il est installé, s'approche de sa mère, lui soulève la chemise et se met à lui téter goulûment le sein. Un peu surpris, je lui demande si elle allaite encore l'enfant.

Elle me répond que oui, qu'elle se fiche du qu'en-dira-t-on, que c'est bon pour lui. Me précise qu'elle est membre de la Leche League, une association militante qui prône un allaitement prolongé. Je n'ai rien contre, mais jusqu'à six ans, tout de même… Passant outre les petits bruits de déglutition de l'enfant qui semble savourer son gueuleton du matin, je répète à la patiente que malheureusement, je ne vais pas pouvoir l'aider car la loi française ne le permet pas.

« Ah bon ? J'ai pourtant entendu dire qu'il n'était pas rare que les gynécologues français se moquent de la loi et réalisent des inséminations avec donneur sur des femmes seules ou homosexuelles… »

Elle m'explique qu'elle est d'ailleurs en contact avec une banque de sperme californienne qui envoie régulièrement en France des paillettes de sperme. Que répondre à cela ? Je sais bien qu'elle dit vrai. On m'a moi-même proposé, il y a quelques années, lors d'un congrès aux États-Unis, de m'envoyer du sperme. Lorsque j'avais répondu que c'était illégal, on m'avait objecté qu'en effet, des containers entiers d'azote liquide contenant du sperme parvenaient à traverser l'Atlantique chaque année sans que cela pose le moindre problème. N'est-ce pas le paradoxe extraordinaire de notre pays ? Un pays qui pendant des années a été capable d'interdire le recours au don de sperme aux femmes seules ou homosexuelles, et de réserver la délivrance de paillettes de sperme de donneur à des banques agréées, mais infoutu de bloquer ses frontières aux livraisons de sperme congelé qui débarquent de l'étranger dans des colis d'un mètre par un mètre !

Je répète à ma patiente que certains gynécologues valident peut-être ces pratiques, mais qu'en ce qui me concerne, je ne violerai pas la loi. Et, constatant que le garçonnet est encore cramponné au sein de sa mère, je me permets d'en rajouter une couche en évoquant ces études qui mettent en garde sur le caractère trop fusionnel des enfants conçus par une mère célibataire. Mal m'en a pris. Éloignant soudainement l'enfant de son giron, voilà qu'elle ramasse son sac, son chapeau chiffonné et enjoint à son fils de remettre son manteau. Celui-ci rechigne, il reste manifestement sur sa faim. Mais sa mère a déjà passé le seuil de la porte dans un déchaînement d'injures, sans même prendre la peine de remettre en place son soutien-gorge. Les Français n'ont qu'à aller se faire foutre, elle retournera en Angleterre !

VIII

Démonstration de force

Parmi les choses qui me manquent le plus depuis que j'ai quitté l'hôpital et que j'exerce en libéral, les « staffs » arrivent sans doute en tête. Ces réunions hebdomadaires qui rassemblent les médecins, les psychologues, les infirmières, parfois même les assistantes sociales d'une même équipe donnent une idée de ce que l'hôpital public peut offrir de plus précieux : la confrontation des points de vue. À l'hôpital Antoine-Béclère de Clamart, on se réunissait tous les mardis après-midi de 15 à 17 heures. Autour de la table, les gros dossiers du moment étaient passés en revue. Unetelle remplissait-elle les critères pour bénéficier d'une PMA ? Telle autre n'était-elle pas trop âgée ? Cette patiente, déjà mère de triplés, pouvait-elle courir le risque d'une seconde grossesse multiple ? Chaque cas donnait lieu à des échanges à bâtons rompus, parfois les portes claquaient, souvent on en ressortait avec un cas de conscience qui nous hantait pendant des semaines.

Je me souviens notamment de ce jour où, à l'appel du nom de ma patiente dans la salle d'attente, j'ai vu arriver un fauteuil roulant. Je dis délibérément un fauteuil roulant car la jeune femme qui y était assise portait sur ses genoux un gros sac de sport qui m'empêchait de voir son visage. Que pouvait bien contenir ce bagage ? Est-ce que le couple partait en vacances juste après la consultation ? M'apportait-il des liasses de billets, des kilos de chocolat, pour que j'accepte de les prendre en charge ? J'eus bientôt la réponse à ma question.

« Je suis paraplégique, me confie la jeune femme, suite à un accident de voiture il y a trois ans. Je ne peux plus me servir de mes jambes. Mes membres supérieurs ont été assez peu touchés mais j'ai quand même une faiblesse dans les bras. »

J'avais noté qu'elle s'était rendue seule dans le box de consultation, en faisant tourner les roues de son fauteuil à la force de ses bras. Sans détour et sous le regard admiratif de son compagnon, elle me raconte son parcours de combattante : ses lésions qui ont aussi engendré des problèmes digestifs, les deux interventions chirurgicales lourdes nécessaires pour libérer son tube digestif des multiples adhérences… Mais aussi, la lumière au bout du tunnel : la rencontre avec son mari dans le centre de rééducation où elle a séjourné après son accident. Il est kinésithérapeute, c'est lui qui s'occupait de sa rééducation. Ils se sont plu, se sont revus et ont fini par se marier. Cela fait deux ans qu'ils espèrent un enfant. Malheureusement, le bilan d'analyses a montré que les différentes interventions chirurgicales subies par la patiente ont entraîné une altération irréversible des trompes. Cette stérilité, dite « tubaire » – les trompes sont bouchées –, justifie un traitement de fécondation in vitro.

Lorsque la jeune femme arrive à ce moment du récit, ses yeux s'emplissent de larmes. Le couple, me raconte-t-elle, s'est déjà adressé à deux centres de FIV en Ile-de-France, et, stupeur, a essuyé deux refus. Le motif ? Son handicap.

« À chaque fois, les équipes m'ont expliqué que mes opérations rendraient la tâche difficile, que je courais le risque d'une blessure digestive lors du prélèvement des ovules. Et puis, même si cela se passait bien, ils m'ont aussi affirmé que mon handicap m'empêcherait de m'occuper correctement de mon enfant. Ça, je ne l'ai pas supporté. C'est vrai, je suis paraplégique, mais je suis autonome. Pourquoi faut-il que je tire une croix sur mon désir d'enfant ? »

En prononçant ces mots entre deux sanglots, elle ramasse avec ses deux mains joliment manucurées le gros sac de sport qu'elle a posé au pied du fauteuil roulant. Sans effort, elle soulève le bagage et le dépose sur ses genoux. Je m'attends à ce qu'elle en sorte son dossier médical ou les courriers de refus de mes confrères, mais il n'en est rien.

« Docteur, ce sac pèse quinze kilos. Le poids moyen d'un enfant de trois ans. Après trois ans, il pourra marcher largement tout seul. Vous voyez, j'ai toute la force nécessaire dans les bras pour porter mon enfant. Ce ne sera peut-être pas aussi simple que si j'étais valide, mais je ne suis pas seule, mon mari sera là pour m'épauler. Je vous en supplie, aidez-nous à avoir ce bébé ! »

À vrai dire, je n'ai toujours pas bien compris les véritables raisons de ces refus. Bien sûr, la prise en charge est plus complexe avec un handicap, la grossesse aussi sûrement. Mais quelle indication formelle empêcherait d'essayer ? Contre toutes ses attentes, je lui explique qu'en ce qui me concerne, je ne vois aucun obstacle à sa prise en charge. Néanmoins, comme il s'agit d'une situation délicate, le dossier doit encore être soumis à mon équipe lors de notre fameux « staff » hebdomadaire.

À ma grande surprise, lorsque je présente son cas le mardi suivant, une petite partie de l'équipe hésite. Comment réagira le petit lorsque sa mère viendra le chercher à l'école ? Et si la situation de cette femme empirait ? Et si elle sous-estimait l'énergie nécessaire à l'éducation d'un enfant en bas âge ? Les avis fusent.

« Cet enfant va forcément souffrir un jour ou l'autre du regard des autres, lance une des infirmières avec qui je travaille au quotidien.

— Ce n'est pas à nous de jouer les madame Irma », répond l'un des médecins présents.

C'est tout l'intérêt de ces réunions décisionnaires : rappeler au corps médical qu'il doit rester dans son rôle. Certes, il faut donner un avis, mais en aucun cas celui-ci ne doit se substituer à la conscience du patient. Sujet délicat car, de fait, le médecin garde son libre arbitre et a parfaitement le droit de refuser une prise en charge, s'il la réprouve. Mais au fond, qui sommes-nous pour décider de l'avenir des autres en fonction de nos propres croyances ? Le patient ne doit pas être à la merci du pouvoir médical. Je me suis souvent fait cette réflexion lorsque des cas de trisomie arrivaient sur la table des staffs prénataux où se discutent les demandes d'interruption médicale de grossesse. Je comprends parfaitement qu'un couple soit prêt à accueillir un enfant malade mais que les médecins décident à la place des patients me paraît une aberration. *A contrario*, lorsqu'un couple vient consulter pour une interruption de grossesse parce que leur bébé a un bec-de-lièvre alors que certaines formes de fentes palatines sont aujourd'hui considérées comme des malformations mineures, facilement opérables, je suis tout autant choqué.

En matière de reproduction, certains médecins se font juges de ce qui semble nécessaire au bonheur du futur enfant. Sur ce point, il y a autant d'avis que de médecins et la science n'a, jusqu'à présent, pas encore prouvé quoi que ce soit sur le sujet. Les discussions sur l'accès à l'assistance médicale à la procréation, qui envahissent les journaux depuis quelques années pour les femmes seules et les couples homosexuels, existaient déjà dans les années 1990. Mais, à l'époque, elles concernaient surtout des couples hétérosexuels avec des problèmes particuliers. Doit-on accepter une PMA pour un couple dont les deux partenaires sont au chômage ? Doit-on prendre en charge un couple dont l'un des membres a une pathologie psychiatrique ? Des antécédents judiciaires ? Ou une maladie grave ? Dans ce cas précis, même s'il est évident qu'une femme porteuse d'un handicap moteur aura plus de mal à s'occuper de son bébé, lui refuser la maternité pour cette unique raison n'est pas acceptable. Si la procédure et la grossesse peuvent se dérouler sans danger pour la mère et l'enfant, si des situations comparables existent chez des femmes qui conçoivent naturellement, il n'y a aucune raison de refuser le traitement.

Heureusement, lorsque le tour de table se termine, je m'aperçois que la majorité de mes collègues est finalement favorable à la prise en charge.

À l'annonce de la nouvelle, la jeune femme fond à nouveau en larmes. Après une tentative de FIV infructueuse, la grossesse tant désirée est obtenue au deuxième essai. Quelques semaines après l'accouchement, j'entends le grincement des roues du fauteuil s'approcher de mon bureau. J'avais fini par m'habituer à ce bruit annonciateur des visites du couple. La jeune femme est radieuse. Dans ses bras, elle porte son tout petit bébé, et le gros sac de sport qui était destiné à me convaincre le jour de sa première consultation. À l'intérieur, les bouteilles de champagne ont remplacé le lest de quinze kilos.

IX

No pasarán

De mon bureau, j'entends deux voix se confondre en excuses auprès de ma secrétaire. Il a dû y avoir une erreur au moment de noter la date du rendez-vous, ils sont là une semaine trop tôt. Ils viennent de province. N'y a-t-il vraiment pas moyen que je les reçoive aujourd'hui ? Ce serait ennuyeux d'avoir fait toute cette route pour rien… Mon carnet de bal est bien rempli ce jour-là, mais je leur propose de revenir en fin de journée, je peux les prendre après ma dernière consultation.

Il n'est pas banal d'arriver une semaine en avance chez son gynécologue. Je commence donc la consultation sur le ton de la blague en leur demandant ce que peut bien cacher cet acte manqué. Ils ont trente-quatre et trente-cinq ans, sont en couple depuis quelques années, et – est-ce une question de génération ? – n'ont visiblement pas le même humour que moi. Mon entrée en matière tombe à plat. Le visage fermé, la jeune femme me tend nerveusement une lettre de référence. C'est une collègue américaine qui me les envoie. Aucun détail sur le couple, sur un éventuel protocole en cours, juste quelques lignes pour me demander si je peux le prendre en charge à Paris. Je commence donc mon interrogatoire en leur demandant depuis quand ils ont quitté New York.

« En fait, nous n'avons jamais vécu aux États-Unis. Nous habitons en Bretagne. Mais voilà, comme aucun médecin ne souhaitait nous prendre en charge en France, nous avons fini par nous adresser à ce centre américain très réputé.

— Personne n'a voulu vous suivre en France ? C'est étonnant…

— C'est très simple, docteur, nous ne pouvons pas avoir de relations sexuelles. »

Je comprends en écoutant la jeune femme que les choses ne sont pas si simples qu'elle le prétend. En fait, elle souffre de vaginisme, une pathologie extrêmement complexe qui entraîne chez la femme une contraction réflexe de tous les muscles autour du vagin. Cette contraction, très forte et incontrôlable, empêche toute pénétration, même si la femme éprouve du désir. Elle ne peut déjà pas maîtriser ce resserrement, alors inutile d'envisager le moindre rapport sexuel. En général, les femmes atteintes de vaginisme trouvent un partenaire compréhensif qui pense que la situation va s'améliorer et se satisfont d'autres formes de sexualité, ou un homme lui-même atteint d'impuissance, qui trouve là une partenaire « compatible ».

Je sens le couple très tendu. Lui, ne prononce pas un mot. Elle est immédiatement agressive. Le ton monte. Sur la défensive, elle refuse catégoriquement de discuter de l'origine du trouble.

« La médecine n'a pas à s'immiscer dans la vie privée des gens. Puisque l'anesthésie générale permet de pratiquer facilement une insémination, pourquoi ne pas s'en servir ? Je suis scandalisée des refus à répétition de vos collègues bretons et parisiens. Pourquoi ont-ils leur mot à dire ? C'est quand même autre chose les États-Unis… Nous avons immédiatement été pris en charge là-bas, et sans qu'on nous pose la moindre question ! »

J'ose demander pourquoi ils ne poursuivent pas les protocoles là-bas, si le système de santé américain est tellement formidable. Et comprends rapidement qu'ils ont été mal renseignés. La gynécologue américaine qui me les envoie, après plusieurs échecs d'insémination, a dû leur souffler que je serais peut-être prêt à prendre le relais. Sans se douter que je m'y opposerais formellement. Comme je l'explique au couple assis en face de moi, le vaginisme se soigne, et plutôt bien. Sans passer par quinze ans de psychanalyse, il existe aujourd'hui une rééducation comportementale qui donne d'excellents résultats. Le vaginisme touche 1 % des femmes en France. Il peut être présent dès les prémices de la vie sexuelle et reflète souvent des angoisses en rapport avec le corps et la sexualité. Certains vaginismes peuvent aussi apparaître suite à une expérience traumatisante comme un viol ou un accouchement compliqué. Ou même dans un contexte familial particulier, notamment en présence d'une mère très contrôlante. Souvent, ces patientes portent en elles l'héritage de relations familiales complexes et considèrent le sexe comme une obligation humiliante, un signe de faiblesse, de vulnérabilité et de passivité. Les psychanalystes et psychologues sont nombreux à insister sur les risques d'aider ces femmes à concevoir sans la moindre prise en charge psychologique. N'y a-t-il pas un risque de reproduction du schéma familial ? Quel impact cette absence totale de sexualité des parents peut-elle avoir sur l'enfant à venir ?

Bien entendu, la jeune femme ne veut pas plus entendre parler de rééducation que d'accompagnement psychologique. Quel dommage ! Je me permets d'insister.

« Vous savez, d'après l'expérience des sexologues, près de 90 % des femmes atteintes de vaginisme qui tentent une rééducation comportementale parviennent à retrouver une sexualité avec pénétration. » Elle a donc toutes les chances de tomber un jour enceinte naturellement, sans aide médicalisée. J'en ai moi-même été témoin puisque je reçois chaque année, dans mon cabinet, quelques patientes atteintes de vaginisme. En général, je les oriente vers des spécialistes qui travaillent à l'aide de la méthode dite « des bougies ». Celle-ci consiste pour la patiente à introduire dans son vagin de petits ustensiles médicaux qui ressemblent en effet à des bougies. D'abord, de petit diamètre, puis de plus en plus gros. Progressivement, le réflexe de contraction automatique du sphincter vaginal disparaît, et le relâchement ainsi obtenu permet une pénétration jusqu'alors impossible. Certes, ce n'est peut-être pas immédiatement le *kama sutra* tous les soirs, mais une grossesse est physiquement réalisable. En général, les couples concernés par ce problème, qui n'envisagent aucune issue en franchissant la porte de mon cabinet, me remercient de les avoir orientés vers un sexologue et de leur avoir conseillé cette rééducation qui leur permet d'avoir des relations sexuelles et de donner lieu à une grossesse. Satisfait de mon petit topo, que je juge plutôt convaincant, je leur tends les coordonnées d'une consœur qui saura parfaitement les prendre en charge.

« On s'est mal compris, docteur. Comme je vous l'ai dit, je ne suis pas là pour être prise en charge. Notre sexualité ne concerne que nous et il est hors de question que l'on consulte des sexologues et des psychologues. Cela ne nous intéresse pas de chercher le pourquoi du comment. Nous voulons un enfant, c'est tout. »

Le conjoint, qui n'a toujours pas parlé, semble un peu déçu du refus catégorique de sa femme. L'espoir d'une sexualité épanouie vient de se briser aussi vite qu'il lui est apparu. Pour calmer le jeu, j'indique à sa femme que si l'accompagnement psychologique et comportemental reste la condition *sine qua non* à mon intervention, je ne refuserais pas de les accompagner dans leur projet si cette rééducation est un échec. Simplement, nous ne sommes pas aux États-Unis où tout se monnaye et je ne suis pas un prestataire de services, une machine à fabriquer des enfants… En aucun cas, l'assistance médicale à la procréation ne peut se substituer à la vie sexuelle ! La patiente s'arc-boute et me traite de tous les noms avant de quitter le bureau, furieuse, son mari, tout penaud, lui emboîte le pas. Lorsqu'il se retourne pour me saluer, je me permets de lui souhaiter bien du courage.

Transfert

Mme C. ne viendra pas. Elle a appelé pour informer qu'elle laissait tomber le protocole pour le moment, trop difficile à concilier avec ses nouvelles attributions professionnelles. J'apprécie particulièrement ces coupures qui s'imposent à moi dans mes journées si remplies. Une petite demi-heure pour gérer les urgences, rappeler les patientes, mais aussi pour prendre un peu de recul sur les problématiques du moment. En l'occurrence, la familiarité de la jeune femme qui sort tout juste de mon bureau, et qui a eu le toupet de me dire qu'elle n'appréciait pas tellement la couleur de ma chemise. C'est pourtant l'une de mes préférées ! Je ne suis pas vexé, loin de là, mais plutôt interloqué par une telle attitude. Je repense à cette longue discussion que j'avais eue avec ma mère à l'époque où je travaillais encore à l'hôpital et où je gérais la grossesse des patientes, de la FIV à l'accouchement. Ma mère, Maria Landau, est psychanalyste – à quatre-vingt-dix ans, son activité est très réduite, mais elle n'a pas arrêté ! –, nous habitons dans le même immeuble et il m'arrive de temps en temps de la solliciter pour tenter de percer le mystère de certains comportements. À l'époque, j'avais une patiente dont le traitement imposait le recours à un sperme de donneur, qui m'appelait systématiquement par mon prénom. « Bonjour François ! », « Ça va, François ? » Lorsque je sortais de chez le coiffeur, elle s'empressait de me dire qu'elle préférait mon ancienne coupe. Et, comme la patiente qui vient de sortir de mon bureau, elle ne manquait jamais une occasion de commenter mes chemises ou mes chaussures. « C'est un transfert, m'avait alors assuré ma mère. Dans la tête de ces femmes, tu es un peu le père de l'enfant. Alors, oui, elles pensent avoir le droit de critiquer tes chaussettes. » C'est l'une des raisons pour lesquelles je me suis concentré sur les traitements de la stérilité et la chirurgie et que j'ai arrêté de faire des accouchements. Pour éviter d'intervenir sur une grossesse de A à Z et d'alimenter ce genre de confusions. À l'époque, René Frydman m'avait confié qu'il n'était pas très à l'aise lorsque de jeunes parents le prenaient en photo avec le nourrisson dans les bras. Quant à moi, je m'en suis fait une règle : je veux bien être pris en photo pour que la famille garde un souvenir, mais à condition que ce soit l'un des parents qui porte le bébé !

X

Les copains d'abord

Je suis frappé par l'âge du couple que je reçois ce matin-là. Les problèmes de fertilité concernent les gens de plus en plus tôt, mais, tout de même, il est rare que mes patients soient aussi jeunes. Ils ont vingt-cinq ans tous les deux et ressemblent encore à des lycéens avec leurs sacs à dos, leurs sweat-shirts délavés et leurs baskets. J'apprends qu'ils sont mariés depuis quatre ans et que cela fait maintenant deux ans qu'ils essaient d'avoir un enfant. C'est un ami gynécologue qui me les adresse, il a déjà effectué le bilan et constaté une absence de spermatozoïdes chez le mari. Seul le recours à un donneur de sperme est possible. La lettre précise aussi que la jeune femme a un bilan gynécologique normal, mais qu'elle bénéficie d'un suivi psychiatrique suite à des épisodes dépressifs. Les démarches auprès de la banque de sperme ont été effectuées, les paillettes sont disponibles, tous les voyants sont donc au vert pour commencer la procédure.

Seulement voilà, les deux jeunes gens sont dans une situation économique précaire : pour l'instant, ils n'ont pas de toit. Une question de semaines, me soutiennent-ils. Même si j'ai évidemment très envie de les aider, les conditions d'accueil d'un enfant ne peuvent pas être prises à la légère. J'en ai moi-même fait les frais quelques années auparavant. Un matin, je reçois un coup de fil de la DDASS : « Vous êtes bien Monsieur Olivennes ? Je voudrais vous parler de Madame X, que vous avez eue pour patiente il y a quelques mois. Oui, c'est cela, elle a eu des jumeaux. Eh bien sachez qu'aujourd'hui, elle vit sous les ponts avec ses jumeaux. Est-ce bien sérieux de faire venir des enfants au monde dans un tel contexte de précarité, docteur ? Vous n'avez pas procédé à une enquête sociale avant d'accepter de la prendre en charge ? » Je me souvenais parfaitement de cette femme ivoirienne qui venait chercher en France ce « traitement miracle » si difficile d'accès dans son pays. Non, je n'avais pas demandé si elle avait un domicile. Il n'y a pas d'enquête sociale chez les couples demandeurs de PMA. Cela serait-il possible ? Quels seraient alors les critères de refus ? Quelle taille d'appartement ? Quels revenus ? On entrerait sur un terrain très glissant. En 1994, lors de l'élaboration de la première loi de bioéthique française, il avait été initialement proposé une sorte d'agrément des couples candidats, comparable à celui nécessaire à l'adoption. Les députés avaient finalement rejeté cette disposition. Je me souviens d'avoir été choqué plus d'une fois lors des staffs quand certains confrères assuraient qu'il fallait des ressources pour avoir des enfants. C'est vrai, mais au point de conditionner le traitement de la stérilité à un niveau de ressources ?

Échaudé par cette histoire, je prends contact avec les assistantes sociales qui suivent le couple, ainsi qu'avec le psychiatre de la jeune femme pour savoir si une grossesse est souhaitable. L'appartement est trouvé, me répond-on, et l'emménagement ne devrait plus tarder. Quant au passif psychiatrique de la mère, le thérapeute juge le risque de décompensation inexistant. J'appelle donc le couple pour lui faire part de la bonne nouvelle : on commence ! Après un traitement d'une petite dizaine de jours, les follicules de la patiente ont atteint la bonne taille et l'insémination doit être réalisée dans les quarante-huit heures. Il suffit qu'ils aillent chercher les paillettes à la banque de sperme avant de venir au centre d'assistance médicale à la procréation où je les attends pour l'insémination. Le rendez-vous est fixé le surlendemain, à 11 heures.

Mais à midi, le couple n'est toujours pas arrivé et ne répond pas au téléphone. On n'est pas à une seconde près mais on ne peut pas non plus espacer de plusieurs heures la remise de la préparation et l'acte d'insémination… J'appelle alors la banque de sperme et, après avoir encore patienté au bout du fil une vingtaine de minutes, une secrétaire finit par me répondre que le couple a finalement abandonné la procédure.

« Ils ont refusé de payer les frais pour la remise des paillettes, que la Sécurité sociale ne couvrait pas. »

Je n'en crois pas mes oreilles. Quel dommage de s'arrêter si proches du but ! J'essaie à nouveau de les joindre : la somme en question est dérisoire, on va forcément trouver une solution. Je laisse plusieurs messages sur leurs répondeurs. En vain. Comment est-il possible qu'en France, où la stérilité est prise en charge à 100 %, certains couples en arrivent à renoncer pour des questions financières ? Que les patients se rendent à l'étranger pour réduire le temps d'attente du don de sperme de un an à trois mois, je comprends parfaitement. Qu'ils aillent chercher des ovocytes en Espagne où les donneuses sont plus nombreuses car dédommagées me semble une évidence. Mais la Sécurité sociale offre tout de même jusqu'à quatre FIV par tentative d'enfant ! Et ceux qui choisissent d'être suivis dans le privé ne payent « que » 1 000 à 1 500 euros de dépassement d'honoraires. Cela n'a rien à voir avec les tarifs pratiqués aux États-Unis ou en Angleterre, où l'on frôle les 20 000 dollars ! Je reste sans voix et profondément déçu pour ce petit couple qui m'avait tant attendri.

Quatre mois plus tard, alors que cette histoire avait fini par me sortir de la tête, je crois reconnaître la jeune femme dans le couloir du service de suivi de grossesse. Je m'approche. Non, ça n'est pas possible. Mais si, c'est bien elle. Elle porte le même sweat à capuche, mais cette fois-ci le vêtement cache un ventre arrondi. Aucun doute possible, elle est enceinte. Comment est-ce possible puisque l'insémination n'a pas eu lieu et que le mari ne peut pas être à l'origine de la grossesse ? Je reste interdit.

« Eh bien alors, vous l'avez fait finalement ce bébé ? », je lance sur le ton de la plaisanterie.

Ils comprennent qu'ils me doivent une explication. La jeune femme m'entraîne dans un coin de la salle d'attente, à l'abri des oreilles indiscrètes.

« Désolée docteur, on aurait dû vous prévenir, mais c'était délicat. On s'est aperçus qu'on n'avait pas l'argent pour payer les frais.

— Mais alors, comment avez-vous fait ?

— Comme tous les gens qui n'ont ni le temps ni les moyens de s'embarrasser avec de la paperasse et des procédures interminables… on s'est débrouillés avec un ami. »

Ainsi donc, pour contourner la lourdeur administrative et économiser quelques dizaines d'euros, le jeune couple avait préféré la méthode « sauvage ». Un proche avait accepté de recueillir son sperme et de le leur offrir pour qu'ils procèdent, avec les moyens du bord – c'est-à-dire une pipette de Doliprane pour enfants –, à l'insémination. Quelle drôle d'époque…

XI

On ne sait jamais…

Il arrive souvent que mon cabinet se transforme en théâtre. Au fond de mon fauteuil, le médecin que je suis devient alors le spectateur de la dramaturgie de la vie. Devant moi, les portes claquent, les larmes affluent, les rires fusent. Lorsque le soir arrive et que le spectacle est terminé, je ris encore de certaines répliques. D'autres me laissent un goût amer. Cet après-midi-là, alors que je digère la choucroute de chez Pou, la charcuterie qui enchante mes déjeuners à quelques pas du cabinet, les sosies du prince Charles et de Valérie Lemercier entrent en scène. Il n'en fallait pas moins pour me sortir de ma torpeur. Lui, est immense, assez « vieille France » avec sa chemise à carreaux et sa veste matelassée. Je remarque tout de suite qu'il a les oreilles décollées. Voilà pourquoi il me fait penser à l'héritier du trône britannique… Quant à elle, avec sa jupe plissée, ses mocassins et son petit gilet brodé, elle frôle la caricature. J'essaie, pourtant, de garder mon sérieux. Le mari m'explique qu'il a rencontré sa femme il y a une dizaine d'années et que jusqu'à présent, la question d'avoir des enfants ne s'était jamais posée. Il a soixante-deux ans, elle quarante-six. Fils unique, il est l'héritier d'une grande famille de la noblesse française et me confie posséder un magnifique château dans le Loiret. Le bien appartient à sa famille depuis le XIIIe siècle, mais voilà, en l'absence d'héritier, il tombera nécessairement entre de nouvelles mains, et cela par sa faute.

« À vrai dire, je n'avais jamais vraiment songé à avoir un enfant. Mais depuis que j'ai réalisé que le fait de ne pas devenir père aurait de telles conséquences, c'est devenu une obsession. »

Le problème est, bien sûr, l'âge de son épouse. Cela fait maintenant un an que le couple essaie, sans succès. Ils ont déjà consulté un médecin spécialisé qui a réalisé un bilan d'infertilité et son verdict est sans appel : la grossesse naturelle est impossible. Quant au traitement, mieux vaut ne pas y penser. À quarante-six ans, cela ne donnerait rien. Pire, cela pourrait même être dangereux. Comme je le rappelle à mes visiteurs, l'innocuité des traitements hormonaux n'est pas clairement démontrée au-delà de quarante-trois ans, pour la simple et bonne raison que très peu de patientes de cet âge sont prises en charge, les résultats étant catastrophiques. Des études sérieuses de risque sont de ce fait impossibles à mener. Dois-je leur rappeler, par ailleurs, les risques que présente une grossesse à son âge si toutefois, par le plus grand des miracles, on parvenait à l'obtenir ?

Non, ce n'est pas utile. La femme m'interrompt. Elle a bien réfléchi et ne souhaite pas porter l'enfant. Ils n'ont pas de problème d'argent, ils vont donc faire appel à la gestation pour autrui. Ici, j'interviens à nouveau. La GPA, que l'on soit bien d'accord, devra être associée à un don d'ovocytes. Car, malheureusement, les traitements d'assistance médicale à la procréation ne peuvent rien contre le vieillissement ovarien. Les ovules obtenus chez une patiente seraient en effet incapables de donner un embryon susceptible de mener à une grossesse, même si l'utérus dans lequel on le transfert est jeune. L'unique solution ? Un don d'ovocytes associé à une GPA. On utilise l'ovocyte jeune d'une donneuse, et on le féconde avec le sperme du mari. L'embryon possède alors le matériel génétique de l'homme, mais pas celui de sa femme ni celui de la femme qui porte l'enfant. C'est la seule issue à leur problème, mais attention, c'est interdit en France.

« Oui, nous savons qu'il faudra aller aux États-Unis, enchaîne le mari. Ce n'est pas un problème, nous avons les moyens. C'est un bon compromis. L'enfant sera bien le mien et l'héritage ne peut pas être contesté. La seule chose qui m'inquiète, docteur, c'est le recrutement de la donneuse et de la mère porteuse. Comment choisit-on ces femmes ? Qui sont-elles ? D'où viennent-elles ? Est-il possible d'émettre des critères physiques pour la sélection ? »

J'explique que la donneuse sera choisie selon les caractéristiques morpho-typiques de sa femme – couleur de peau, des cheveux et des yeux – et qu'une batterie de tests biologiques est effectuée pour éviter toute transmission de maladies. Ils doivent faire confiance au centre médical qu'ils auront choisi à l'étranger, qui fera tout pour éviter les anomalies du fœtus. Après, le risque zéro n'existe pas. Pas plus que lorsque la grossesse survient naturellement. Cela dit, le risque est largement diminué puisque la plupart des anomalies chromosomiques et des malformations sont liées à l'âge et que les donneuses ont en général une trentaine d'années. Si la GPA se déroule aux États-Unis, le couple aura accès à des informations non identifiantes sur la donneuse d'ovocytes et la mère porteuse.

« Ce qui m'importe, poursuit l'homme, c'est avant tout de connaître les origines sociales de la donneuse. Vous imaginez bien que, compte tenu de ma lignée, je ne peux pas accepter n'importe quoi ! »

Réfrénant un début de fou rire, je me risque à lui expliquer que je ne crois pas trop à la transmission génétique de ce qui lui semble tellement important dans sa « lignée » comme il dit. Mais, contrairement à l'Europe, il aura accès outre-Atlantique à des agences de donneuses d'ovocytes et pourra, si cela lui chante, avoir davantage d'informations sur les différents profils, et choisir sur catalogue, en quelque sorte.

Je lis dans son regard que le ciel s'éclaircit. L'épouse ressent certainement le même soulagement.

« Mon mari était tellement affecté par la perte de notre château... Merci docteur, vous nous offrez une belle perspective. »

Je précise, à toutes fins utiles, que mon intervention s'arrête ici. Je peux évidemment les conseiller mais la GPA étant illégale dans notre pays, je ne peux les accompagner plus avant dans leur projet. Quelques semaines plus tard, le châtelain me téléphone pour me remercier. Ça y est, ils ont choisi un centre américain et viennent d'entamer toutes les démarches médicales et légales.

Trois mois plus tard, l'indicatif 301 s'affiche sur mon portable. La Californie. C'est un collègue américain que je connais bien. Après avoir échangé quelques amabilités et avoir pris des nouvelles de nos amis communs, il me confie avoir reçu le couple quelques jours auparavant.

« J'ai vu que c'était toi qui avais prescrit les examens initiaux, ça m'a amusé. Évidemment, je leur ai fait faire le bilan prérequis. Puis ils ont donné leurs desiderata. Mais la femme n'a pas voulu choisir sur photo la donneuse et la mère porteuse. C'est assez courant ; elle m'a dit que ce serait plus simple pour elle de réellement considérer l'enfant comme le sien. Bref, tout était sur des rails, jusqu'au moment de signer l'accord…

— Que s'est-il passé ?

— Aucun problème pour la donneuse d'ovocytes. Ce sont les caractéristiques de la mère porteuse qui ont bloqué l'affaire. Et tu ne devineras jamais pourquoi.

— …

— Parce qu'elle était noire ! »

Quelques semaines plus tard, les sosies du prince Charles et de Valérie Lemercier sont revenus me voir pour me donner leur version des faits. Après une bonne heure de discussion, ils finissent par reconnaître qu'ils préfèrent « ne pas prendre le risque ». Je demande au mari : « Mais le risque de quoi ? – Le risque que l'enfant soit noir ou métisse, docteur. » J'ai beau lui faire un cours approfondi en génétique pour lui prouver qu'un embryon conçu par deux blancs n'a aucune chance d'être noir, même s'il est porté par une femme noire, impossible de lui faire entendre raison.

Les Américains ne plaisantent pas avec ce genre de comportement. J'ai appris par mon collègue américain que le couple avait été banni de cette clinique du fait de son attitude jugée raciste. Bien fait. Je n'ai plus jamais eu de nouvelles de ces deux-là, ni de leur château du Loiret.

XII

Ave Maria

Il n'y a rien de plus valorisant pour un médecin de la fertilité que de décrocher son téléphone pour annoncer une heureuse nouvelle. Ce matin-là, alors que je viens d'apprendre deux échecs de FIV et qu'il pleut à verse sur Paris, je savoure les résultats que ma secrétaire vient de déposer sur mon bureau. En haut de la pile quotidienne de documents et d'analyses, la lecture de ces quelques chiffres synonymes de grossesse me fait l'effet que doit procurer l'apparition des deux barres sur un test de grossesse : je jubile.

« C'est bon, on a gagné », j'annonce, fou de joie.

Grand silence au bout du fil.

« Oh là là, non, ce n'est pas possible ! Du premier coup ? Merci merci merci, t'es le meilleur, mon docteur ! »

Est-ce qu'un médecin a ses patients chouchous ? Oui, bien sûr. De même qu'un professeur a plus d'affinités avec tel élève, il arrive au soignant d'être plus sensible à une histoire, un parcours, de se découvrir des points communs avec un couple ou d'avoir un bon *feeling.* C'est le cas avec Aïssa, qui me fait toujours l'effet d'un rayon de soleil dans ma journée. Il y a des gens comme ça dont la bonne humeur est contagieuse. La première fois que j'ai vu la jeune femme entrer dans mon cabinet, j'ai été époustouflé par sa beauté. Fidèle aux traditions de ses origines maliennes, elle portait un somptueux boubou en wax fleuri avec, sur la tête, un turban assorti. Son mari, très bel homme aussi, était vêtu d'un élégant costume gris. Malgré les apparences, je comprends vite que la situation du couple est précaire. Aïssa me raconte son histoire. Il y a quelques années, elle a appris qu'elle avait les trompes bouchées. Seule la fécondation in vitro peut donc lui permettre d'avoir un enfant. Malheureusement, les traitements, au Mali, ont échoué. C'est pourquoi le couple a décidé de venir s'installer en France. Il a aujourd'hui un statut légal, mais le chemin a été long et il a fallu économiser pour s'offrir un accompagnement médical. Une de leurs amies, que j'ai traitée avec succès, leur a parlé de moi. Je suis leur dernier recours.

« Si cette dernière tentative ne fonctionne pas, c'est la catastrophe. »

J'ai mis plusieurs années à comprendre ce que la stérilité représentait pour les femmes africaines. Car, oui, en Afrique, la stérilité est avant tout une affaire de femmes. Ce sont elles qui sont responsables, pas leur mari. Ces derniers ont un sperme un peu faible ? Qu'importe, si elle ne parvient pas à donner un enfant à sa belle-famille, à son village, l'épouse ne remplit pas le contrat. Elle est donc répudiée. Il m'en a fallu sécher des larmes, au cabinet, pour me rendre compte qu'il en allait de leur statut social. Certaines femmes sont venues consulter terrifiées à l'idée que le traitement ne fonctionne pas. Au début, je ne saisissais pas l'enjeu, je me voulais rassurant :

« Ne vous inquiétez pas, il y aura d'autres tentatives…

— Mais mon docteur, je n'ai pas le temps. Si je n'arrive pas à tomber enceinte, je suis maudite. Mon mari va aller tenter sa chance avec une autre femme. »

Pour Aïssa, je comprends que le temps presse. Cela fait six ans que le couple essaie. Dès le premier rendez-vous, elle me donne du « Mon docteur », me tutoie, et ce sera ainsi à chaque fois qu'elle reviendra me voir. Comme c'est souvent le cas avec mes patientes d'origine africaine, elle n'est pas venue les mains vides. J'avais eu droit, en guise de cadeau de rencontre, à une incroyable chemise bariolée. Ce genre de présent qui, à la fois, touche au cœur, et dont on sait d'avance qu'on n'aura pas l'occasion de le porter bien souvent...

« Mais je n'ai rien fait pour l'instant vous savez. Vous me remercierez quand vous aurez accouché ! »

J'étais à mille lieues de me douter qu'après plusieurs années d'échec, la FIV fonctionnerait du premier coup. Quelques jours après mon appel, lorsque Aïssa découvre, lors de la première échographie, les battements cardiaques de son « bébé » d'à peine sept millimètres, elle fond en larmes et insiste pour m'embrasser. Je viens de changer sa vie.

« Tu as fait de moi la femme la plus heureuse du monde », insiste-t-elle encore, quelques mois plus tard, alors qu'elle vient me présenter sa petite Awa, âgée de quinze jours. Évidemment, elle apporte avec elle tout un tas de cadeaux de remerciements. Une nouvelle chemise colorée mais aussi une jolie boîte en bois peinte et une statuette représentant une femme en train d'allaiter.

« Pour ton bureau, mon docteur. »

Je suis d'autant plus touché que je collectionne un peu malgré moi les petits objets offerts ayant trait à la maternité. Et cette statuette est, de loin, ce que j'ai reçu de plus beau depuis longtemps. Elle me plaît tellement que je décide de l'exposer, non pas au cabinet, mais à la maison, sur la cheminée, dans mon salon. Une façon, peut-être, de garder la bonne humeur d'Aïssa toujours auprès de moi. L'usage du tutoiement, qui peut choquer au début, cette familiarité, ces embrassades, ces accolades, n'ont rien d'irrespectueux. Bien au contraire, je perçois chez elle un profond respect de la science et du savoir qui a tendance à disparaître aujourd'hui dans notre société hyperconnectée, où chacun s'improvise spécialiste parce qu'il a vu une vidéo sur Instagram.

Aïssa n'en finit plus de me remercier et de s'extasier sur son bébé. Avant de partir, elle me demande quand on peut se revoir. Surpris, je plaisante :

« Alors, ça y est, vous êtes prête pour le deuxième ? »

En plein dans le mille. Si avoir un enfant est primordial chez les musulmans, donner naissance à un garçon est encore plus important. Son mari y tient, me confie-t-elle. Et elle aussi, finalement, aimerait bien un garçon. Sans parler de leurs familles respectives… Après tout, Aïssa a trente-huit ans et ses chances de tomber à nouveau enceinte s'amenuisent. Je lui propose de revenir sans trop tarder, une fois son allaitement terminé.

Quelques mois plus tard, la revoilà donc, plus décidée que jamais. Une nouvelle fois, j'ai droit aux embrassades, aux cadeaux, aux photos du bébé. Je préconise d'utiliser les embryons congelés de la première tentative. Mais, plusieurs mois plus tard, toujours pas de grossesse. Il faudra un nouvel essai pour que la chance soit avec nous. Encore une fois, la joie immense, les cadeaux, les « merci merci, mon docteur ! ». Et, bien sûr, la présentation du bébé peu après la naissance. Encore une fille. À côté du nourrisson, prénommé Kadiatou, la petite Awa, jolie comme un cœur avec sa robe rose et ses tresses en pointe hérissées sur le crâne, me fait des sourires immenses.

« Embrasse mon docteur », lui demande sa mère.

Aïssa a apporté avec elle un appareil photo jetable, et insiste pour que ma secrétaire prenne une photo de nous quatre. La photo faite, elle se tourne vers moi, le regard préoccupé. Bien sûr, elle est heureuse avec ses deux fillettes, mais je sens d'emblée que le compte n'y est pas.

« Pourquoi tu ne veux pas me donner un garçon, mon docteur ? »

J'ai beau rétorquer que le sexe du bébé n'est pas de mon ressort, elle me répète qu'elle veut ce petit garçon plus que tout au monde. Tout au long de son monologue, je reconnais son petit « tchip » de mécontentement qui m'avait tant étonné quelques années auparavant lorsque j'avais eu droit au même discours. Un petit claquement de langue très courant dans les langues d'Afrique de l'Ouest, et souvent associé à un mécontentement. Face à ma surprise, Aïssa avait tenté de me donner un cours pour m'apprendre à maîtriser ce fameux « tchip ». En vain. On avait beaucoup ri mais le son qui sortait de mes lèvres n'avait rien du panache de ma patiente. En quelques minutes, la question est posée sans détour :

« Alors, quand est-ce que je peux recommencer, mon docteur ? »

Je sais bien qu'Aïssa a maintenant quarante ans, que ses chances se sont encore réduites. Mais il y a quelque chose – une forme de sincérité, peut-être – qui me touche chez cette femme. Et puis, après tout, la fécondation in vitro n'a-t-elle pas précisément été inventée pour permettre aux femmes qui avaient des trompes altérées de faire des enfants ? Les chances sont faibles, certes, mais elles existent et je veux y croire.

« Allez, dis-moi oui, mon docteur. Tu sais, je l'appellerai François ! »

Je feins de m'étonner de ce prénom ni africain ni musulman mais au fond, je sais que c'est pour elle une façon de me remercier de lui donner l'inestimable. Cela me touche d'autant plus que mon prénom, il est vrai un peu désuet, n'a été choisi par mes patients que deux fois en trente ans de carrière.

Après deux tentatives, la voilà de nouveau enceinte. Remerciements, larmes de bonheur, accolades, et évidemment le traditionnel « à très bientôt » lorsque la maternité prend le relais pour le suivi de grossesse. Cette fois-ci, difficile de résister à la tentation de me renseigner sur le sexe du bébé.

« Encore une fille, mon docteur ! »

Comment allais-je expliquer à Aïssa que cette fois-ci, étant donné son âge, je ne pourrai pas accepter une nouvelle demande ? Bien sûr, j'anticipe sa déception. Les présentations sont aussi émouvantes que les deux premières fois. Awa et Kadiatou m'embrassent et me font de grands sourires. L'appareil photo est toujours là mais cette fois-ci le mari est là aussi, que je n'avais vu pendant toutes ces années que lors des transferts d'embryons. Et leur troisième fille, évidemment.

« Elle s'appelle Maria, mon docteur. Comme ta mère. »

Comment avait-elle trouvé le nom de ma mère alors que nous n'en avions jamais parlé ensemble ? Encore aujourd'hui, je l'ignore. Toujours est-il que cette petite fille sera la dernière. Le couple m'explique que si Allah ne veut pas leur donner de garçon, ils doivent me remercier et s'arrêter là. Embarrassée de ne pas pouvoir appeler son enfant François pour me rendre hommage, Aïssa avait fini par trouver le prénom féminin qui me toucherait le plus. Lorsque j'ai un petit coup de mou, je regarde cette petite mère en bois qui allaite son enfant sur ma cheminée, et je m'entraîne au « tchipage » en claquant la langue. Ce n'est pas gagné.

XIII

Coucou me revoilou !

Si les causes de l'infertilité apparaissent en général clairement en réalisant un bilan, il reste des cas que l'on ne s'explique pas. 15 % des patients restent ainsi sans réponse quant à l'origine de leur stérilité. Le couple que je reçois ce matin-là vient pour sa première consultation, il n'a jamais effectué aucun examen. L'interrogatoire ne retrouve aucun antécédent notable chez l'homme ou chez la femme, pas plus dans leurs familles respectives. Ils ont des rapports réguliers, mais rien ne vient. Je propose alors un bilan. Il faut vérifier si l'ovulation se passe bien, s'assurer qu'il n'y a pas d'anomalie au niveau du sperme, et surtout contrôler la rencontre des spermatozoïdes et des ovocytes en analysant l'utérus et les trompes. Quelques semaines plus tard, la jeune femme revient seule avec les examens. Tous les résultats sont bons, RAS. C'est ce que l'on appelle une stérilité inexpliquée. La prise en charge est relativement simple. Je propose quelques cycles de stimulations ovariennes douces avec des inséminations, et, si la grossesse n'intervient pas au bout de trois ou quatre cycles, je passe généralement à la fécondation in vitro.

Le premier traitement se déroule sans embûches et une grossesse est obtenue dès le premier cycle. Une échographie doit être réalisée environ un mois après l'insémination pour vérifier que la grossesse est bien positionnée et qu'elle évolue favorablement. Ce jour-là, ma patiente m'explique que, malheureusement, son compagnon n'a pas pu se libérer, et me demande si sa meilleure amie peut assister à l'échographie. Évidemment, je n'y vois pas d'inconvénient. Nous passons derrière la petite cloison qui sépare mon bureau de la table d'examen et un petit embryon de quelques millimètres ne tarde pas à apparaître sur l'écran. Au même moment, le rythme cardiaque se fait entendre. Ma patiente est aux anges.

De retour côté bureau, je note que l'amie, qui n'a rien loupé du spectacle grâce à l'écran situé en hauteur, a elle aussi les yeux embués. Après s'être rhabillée, la jeune femme nous rejoint et je les vois échanger un sourire. Je donne quelques consignes, recommande un confrère pour le suivi de grossesse, et libère les deux femmes.

Quelques années plus tard, je retrouve le même binôme dans mon bureau. Je ne reconnais pas tout de suite la « meilleure amie », mais au bout de quelques minutes, la scène de l'échographie me revient en mémoire. J'y fais allusion, en soulignant que je suis toujours surpris lorsque les conjoints n'assistent pas à la première échographie. Je sens alors une certaine gêne chez les deux femmes, qui finissent par me dévoiler le pot aux roses.

« En fait, l'homme que vous avez vu lors de la première consultation et que je vous ai présenté comme mon époux, n'était qu'un conjoint de circonstance. »

Mais bien sûr ! Comment avais-je pu être aussi naïf ? J'apprends dans la foulée que les deux femmes vivent ensemble. Elles voulaient un enfant mais trouvaient plus « commode » de chercher un donneur de sperme sur Internet plutôt que de se tourner vers une banque de sperme étrangère. Il faut dire qu'à l'époque, les banques françaises étaient encore interdites aux femmes homosexuelles.

Les donneurs volontaires sont, paraît-il, assez nombreux sur la Toile. Il existe même des sites spécialisés. Avant de se tourner vers moi, elles ont d'ailleurs essayé trois ou quatre fois avec « les moyens du bord ». Récipients, seringue et petite cuillère, il suffit de suivre les tutos disponibles sur YouTube. Mais, devant l'échec de la méthode « naturelle », la jeune femme et le donneur trouvé en ligne se sont donc présentés à moi comme un couple. Quitte à produire – c'est un prérequis à la prise en charge en assistance médicale à la procréation – un faux certificat de concubinage. Évidemment, ces inséminations sauvages présentent de nombreux inconvénients. Bien souvent, les examens de normalité du sperme ne sont pas effectués. Parfois même, le dépistage du sida n'est pas demandé. Sans parler des problèmes d'hygiène et des risques d'infection. Enfin, les résultats sont moins bons que lorsque la prise en charge est médicalisée.

Ce couple, comme je l'apprends alors, a payé le prix fort de ces procédures opérées sous le manteau : le donneur de sperme, qui s'était engagé à ne réclamer aucun contact avec l'enfant, a finalement changé d'avis. Dès la naissance, il a commencé à se manifester, réclamé de le voir un peu, puis régulièrement. L'affaire a vite pris une tournure judiciaire. L'homme a demandé une reconnaissance de paternité, accordée sans problème, puis une garde alternée, obtenue elle aussi sans difficultés. Échaudées par cette première aventure, et désireuses d'un deuxième enfant, les deux femmes ont donc décidé de revenir me voir, de jouer cartes sur table cette fois-ci, et de faire appel à une banque de sperme et à un centre étranger d'assistance médicale à la procréation.

Que leur répondre ? Puis-je faire confiance à un couple qui n'a pas joué franc jeu avec moi depuis le début ? Après quelques jours de réflexion, j'ai fini par accepter. Après tout, aider un couple à mener à terme un projet plus conforme aux règles de bonnes pratiques fait partie de mon métier. Finalement, la deuxième grossesse a été obtenue rapidement. Et je n'ai aucun doute que l'accueil de ce bébé s'est déroulé dans des conditions plus apaisées.

XIV

Il était temps d'y penser !

« En fait, docteur, nous ne sommes pas pressés. Nous venons juste discuter avec vous d'un éventuel projet d'enfant. »

J'en reste bouche bée. Il est peu fréquent que les couples qui franchissent la porte de mon cabinet ne trépignent pas d'impatience et n'implorent pas de commencer un traitement dans l'heure. D'autant qu'en consultant la couverture du dossier rempli par mes secrétaires lors de la prise de rendez-vous, je tombe des nues. Ai-je bien lu ? Oui, c'est bien ça, l'homme qui est assis en face de moi – un *golden boy* sur le retour aux cheveux gominés – a quatre-vingt-six ans ! Sa femme, plus terne, plus effacée, trente-neuf. Je leur demande s'ils ont déjà un enfant. Non. Ils sont certes ensemble depuis vingt et un ans, mais l'idée de devenir parents ne leur avait jamais traversé l'esprit. Jusqu'à très récemment. Ah ? Et alors, ont-ils essayé ?

« Non, car malheureusement, j'ai été opéré il y a quelques années d'un cancer de la prostate. »

Cette intervention, lorsqu'elle est complète, empêche dans la plupart des cas toute éjaculation extériorisée, et donc une éventuelle grossesse. Les hommes qui consultent habituellement pour infertilité ont rarement été opérés d'un cancer de la prostate car ce cancer touche plutôt les hommes âgés. Mais il existe d'autres causes à l'absence de spermatozoïdes dans l'éjaculation. En théorie, depuis le début des années 1990 et la mise au point de l'injection intracytoplasmique de spermatozoïdes (ICSI), il est possible de prélever directement le sperme au niveau des tissus testiculaires. Les quelques spermatozoïdes prélevés peuvent être injectés un à un dans les ovocytes et donner des embryons et des grossesses. C'est ce qu'on préconise notamment chez les hommes qui ont des anomalies au niveau des canaux censés transporter les spermatozoïdes du testicule vers le canal de la verge. Et, bien sûr, dans le cas d'opérations complètes du cancer de la prostate, lorsqu'il y a lésion des nerfs qui entraînent l'éjaculation. Si les ovaires de la patiente le permettent, il serait donc envisageable de les stimuler, de récupérer les ovules, et d'y injecter le jour même les spermatozoïdes recueillis au niveau des testicules. Une fois des embryons obtenus à l'issue de toutes ces étapes, rien n'empêche d'en transférer un dans l'utérus et d'obtenir une grossesse. Voilà pour la théorie. Mais là, nous avons affaire à un cas de figure extrême. L'homme est âgé, et la femme, certes encore jeune pour son âge, ne l'est plus tellement biologiquement parlant. Certaines femmes peuvent, en effet, dès trente-huit ans, avoir perdu toute possibilité de reproduction.

Y a-t-il un âge pour devenir mère ? Pour devenir père ? Ce débat passionnant agite le milieu de la reproduction depuis le premier « bébé éprouvette ». Lorsque la loi de bioéthique a été instaurée en 1994, on se contentait de prendre en compte les limites physiologiques et chaque centre de FIV fixait son cadre d'intervention un peu comme ça lui chantait. Mais l'arrivée du don d'ovocytes dans les années 1990 a complètement changé la donne, puisque les femmes pouvaient faire des enfants jusqu'à près de cinquante ans si elles le souhaitaient. Au milieu des années 1990 un médecin italien, le docteur Antinori, a défrayé la chronique en traitant des femmes de plus de soixante ans. Le record a même été franchi en Inde avec une femme de soixante-douze ans. Atroce ! Bien sûr ces grossesses extrêmes n'ont aucun sens. Dans la plupart des pays européens, la loi fixe une limite entre quarante-cinq et cinquante ans, aux États-Unis, aux alentours de cinquante-cinq ans. En France, il a fallu attendre septembre 2021 pour que la question soit tranchée. On ne peut désormais aider un couple à procréer que jusqu'à quarante-cinq ans pour les femmes et soixante ans pour les hommes. Quant à la FIV, elle peut être pratiquée jusqu'à quarante-trois ans chez la femme et soixante ans pour l'homme. Mais qui est l'État, et qui sommes-nous en tant que médecins pour juger qu'un couple est trop vieux pour avoir un enfant ? Après tout, certains hommes ne s'interdisent pas de devenir père passé soixante ans. Faut-il condamner Charlie Chaplin ? Yves Montand ? Je suis choqué que l'État s'immisce dans ce débat. Après tout, c'est une affaire personnelle. Pourquoi devrait-on s'interdire d'aider un couple à faire un bébé si celui-ci peut arriver naturellement chez un couple du même âge ? À partir du moment où l'on considère qu'il est dangereux qu'un homme de soixante ans fasse des enfants, alors interdisons-le aussi aux hommes qui en font naturellement ! Car sur quoi se fonde-t-on pour déterminer cet âge limite ? Les sources sont peu nombreuses, quasi inexistantes. On ne dispose guère que de quelques études qui auraient repéré plus de troubles psychiatriques chez les enfants conçus par un père d'âge avancé, et de rapports de pédopsychiatres qui insistent sur l'importance du regard des autres pour l'enfant, la peine de se retrouver orphelin jeune, les problèmes financiers qui peuvent se poser… Des difficultés qui, somme toute, peuvent concerner tous les enfants, peu importe l'âge de leurs parents. Mais, comme le résument certains pédopsychiatres, critiques sur ces paternités avancées, « il y a un âge pour être père et un âge pour être grand-père » !

Si, de mon point de vue, ce n'est pas au médecin de décider à la place des couples de la validité ou non de leur projet, il est néanmoins des incohérences dans leur histoire qui doivent interpeller. Je pense à cette femme reçue récemment au cabinet. En consultant son dossier, je me rends compte que nous nous sommes déjà vus, il y a quelques années. À l'époque, elle avait quarante et un ans et je lui avais prescrit un bilan. Au lieu du mois habituel nécessaire à ce type d'examen, la patiente n'est revenue me voir qu'un an et demi plus tard avec ses résultats. Attention, l'avais-je mise en garde, ne perdons pas de temps si vous désirez commencer un traitement. Malgré mes conseils, elle a mis deux ans à se décider. Mais voilà, en deux ans, il s'en passe des choses dans le corps d'une femme de cet âge, et la prise en charge était désormais vouée à l'échec. J'ai eu droit aux cris, aux insultes, aux menaces. Je n'avais finalement qu'une réponse : si elle avait mis tant de temps à revenir, peut-être devait-elle interroger son désir d'enfant ?

Pour notre vieux *golden boy*, la situation est sans ambiguïté. J'explique qu'à quatre-vingt-cinq ans, une prise en charge sera de toute façon impossible en France. Cela dit, certains pays étrangers sont plus tolérants. Le couple pourrait, le cas échéant, se tourner vers cette option. J'ai à peine le temps de terminer ma phrase, que l'homme insiste :

« Encore une fois, docteur, nous sommes seulement venus discuter. Nous ne sommes pas encore véritablement décidés. L'idée fait son chemin, nous allons encore prendre le temps de la réflexion et nous ne manquerons pas de vous recontacter. »

Je ris intérieurement. Est-il dans le déni de son âge ? Se croit-il éternel ? Une chose est sûre : si le couple n'a pas souhaité d'enfant en vingt ans de vie commune, je ne vois pas bien ce qui pourrait le décider, là, comme ça, subitement. Mais, encore une fois, il ne s'agit que de mon humble avis.

XV

Impossible n'est pas français

« Il faut que vous nous aidiez, docteur, et vite. »

C'est sans doute l'une des consultations les plus difficiles de ma carrière. La jolie brune qui se présente à moi cet après-midi d'automne a une trentaine d'années, elle est espagnole et accompagnée de l'oncle de son mari, qui se présente comme avocat de profession. Ledit mari, lui, est italien. Il n'a pas pu venir ?

« En fait, il est hospitalisé pour un cancer très agressif. Comme son pronostic vital est incertain et que nous souhaitons plus que tout avoir un enfant ensemble, je souhaiterais, exceptionnellement, bénéficier d'une prise en charge rapide. »

Bien sûr, ils ont pesé le risque que cet enfant soit précocement privé de son père. La jeune femme est déterminée, et l'oncle du mari, qui l'accompagne, est là pour témoigner de l'accord de monsieur. Reste à savoir comment procéder, car le mari, manifestement, ne peut pas se déplacer. J'apprends qu'il a fait réaliser une congélation de sperme avant ses traitements par chimiothérapie, au cas où il ne serait plus capable de produire des spermatozoïdes. Il a aussi, m'annonce son oncle, autorisé que l'on utilise son sperme en cas de décès. Mais c'est une autorisation de pure forme ; en France l'insémination post mortem est interdite par la loi. En l'occurrence pour la demande actuelle, j'explique au couple que nous pourrions utiliser les paillettes de sperme congelées avant les traitements si toutefois Cochin, où est hospitalisé l'époux, est d'accord.

Ce n'est pas la première fois que je suis confronté à un couple dont un des partenaires est, ou a été, atteint d'une maladie grave et potentiellement mortelle. Ce type de situation m'impose un douloureux dilemme. D'un côté, refuser la prise en charge du couple du fait de la maladie est difficilement acceptable pour le membre du couple qui se voit opposer un refus à son projet d'enfant par un médecin non impliqué dans la prise en charge médicale de sa pathologie. Quel est mon droit finalement de pouvoir dire oui ou non à ce projet ? Qui plus est, refuser est une façon de lui dire que sa survie est peu probable et, on le sait, chaque malade compose avec son pronostic et construit dans son rapport à la maladie les armes pour se battre contre une évolution défavorable. Le refus peut ainsi être vécu comme une condamnation. D'un autre côté, je ne peux pas éluder le sort du futur enfant qui peut résulter de cette prise en charge. Il n'a rien demandé. Perdre un parent jeune est un traumatisme certain et il est impossible de ne pas réfléchir à cette probabilité. À l'hôpital, les réunions multidisciplinaires peuvent aider à peser le pour et le contre. Dans le cadre de l'exercice libéral, on se retrouve seul avec le destin des gens entre les mains.

Je décide pour ce couple de prescrire les examens nécessaires à une prise en charge et demande à la jeune femme de contacter au plus vite le centre d'éthique clinique de l'hôpital Cochin, à Paris. Cette structure remarquable, inspirée du modèle anglo-saxon, se propose de donner un avis éthique sur des situations médicales compliquées. Lorsque des cas cliniques ou des décisions difficiles sont à prendre, ils peuvent réagir en urgence. C'est une aide précieuse.

Doit-on concevoir ou non un enfant dans le cas où l'un des parents a un risque élevé de décéder à court ou moyen terme ? La question me paraît relever de leur compétence. Je suis à la fois touché par la détresse de la jeune femme, mais aussi par le soutien de cet homme, à la fois doux et paternel, qui semble mettre son émotion de côté pour démêler tant bien que mal les difficultés juridiques et éthiques qui se posent au couple. Je les encourage et leur demande de revenir aussitôt les examens effectués.

Quelques semaines plus tard, ma secrétaire m'indique qu'elle vient de rajouter la jeune femme en urgence sur mon planning. Sans doute le binôme a-t-il réussi à obtenir en un temps record le feu vert de Cochin et souhaite organiser la prise en charge du mari. Dès qu'ils franchissent la porte, je comprends qu'il n'en est rien. L'homme est accablé, il a le dos voûté et son air jovial qui m'avait tant séduit au premier rendez-vous, s'est envolé. Elle aussi est méconnaissable. Les yeux rougis, les cheveux en bataille, elle ose à peine me regarder. Ce qu'elle craignait est arrivé. Son mari est mort deux jours auparavant, quelques heures seulement avant le rendez-vous qu'il avait pris chez le notaire pour déposer un document confirmant sa volonté de permettre à sa femme d'utiliser ses spermatozoïdes après son décès.

Inutile d'insister, l'oncle sait pertinemment que l'utilisation des spermatozoïdes est interdite en France. Ils sont venus pour discuter avec moi des différentes options. Toute dérogation, en France, me paraît exclue. La loi, c'est la loi. Cependant, il y a peut-être encore une lueur d'espoir. Je me souviens que la femme est espagnole et le mari italien. Deux pays où l'insémination post mortem est permise. Leur a-t-on fait signer un consentement éclairé stipulant qu'ils ne pourraient pas utiliser le sperme que le mari a congelé ? Probablement pas. Les a-t-on avertis que l'exportation du sperme était interdite ? Probablement pas. Alors, qui sait, il y a peut-être une brèche. Je serais à leur place, je tenterais un recours. La loi espagnole prévoit un délai d'un an pour utiliser les paillettes après le décès, il n'y a plus de temps à perdre. Je contacte immédiatement la directrice de la banque de sperme, que je connais bien. Elle me confirme, comme je le craignais, qu'elle ne pourra pas remettre les paillettes à la jeune femme. Oui, il existe bien quelques dérogations, mais dans ce cas, elle n'y croit pas trop.

Qu'y a-t-il à perdre ? L'oncle demande une mesure exceptionnelle au regard de la nationalité du couple et du fait que leur pays d'origine autorise l'insémination post mortem. Je rédige, pour ma part, un certificat attestant que la démarche de procréation était bien antérieure au décès. Quelques semaines plus tard, la jeune veuve a obtenu gain de cause. Initialement refusée par le tribunal administratif, l'exportation des paillettes vers l'Espagne a finalement été permise après contestation de la décision devant le Conseil d'État. Ce dernier a statué que « la compatibilité de la loi avec les stipulations de la Convention européenne de sauvegarde des droits de l'homme et des libertés fondamentales ne fait pas obstacle à ce que, dans certaines circonstances particulières, l'application de dispositions législatives puisse constituer une ingérence disproportionnée dans les droits garantis par cette convention ». Et ajouté que la patiente est revenue vivre dans son pays d'origine, l'Espagne, et n'avait pas l'intention de contourner la loi française. Elle voulait exercer la faculté que lui ouvre la loi espagnole. Le Conseil d'État a conclu qu'au vu de l'ensemble des circonstances particulières, le refus d'exportation des paillettes de sperme est « une atteinte manifestement excessive à son droit au respect de la vie privée et familiale ».

La jeune femme a donc pu récupérer ses paillettes et procéder à l'insémination dans son pays. J'ai appris par son oncle que tout avait bien fonctionné et qu'elle avait donné naissance à un adorable petit garçon.

XVI

Attente

« Mais enfin, que fait-elle ? Je l'ai vue il y a quatre jours et elle est toujours d'une ponctualité déconcertante. C'est vraiment étrange, ça ne lui ressemble pas. »

Je fais les cent pas dans le bureau de mes secrétaires. Bénédicte et Solange, mes anges gardiens qui me connaissent depuis des années, tentent de calmer mon agacement. Je suis ponctuel et j'apprécie qu'on le soit aussi. Cela fait près d'une demi-heure qu'on essaie d'appeler la jeune femme. En vain. Pas plus de chance sur le portable du mari. Les deux sont sur messagerie.

Je revis mentalement notre dernière entrevue. Peut-être que l'on s'est mal compris sur le jour et l'heure du rendez-vous suivant ? Peut-être que ma patiente n'a pas saisi l'importance de la ponctualité dans un parcours de PMA ? Je suis le premier médecin que consulte ce couple. Elle est française, lui hollandais. Ils se sont rencontrés à Paris il y a quatre ans et essaient de faire un enfant depuis un peu plus d'un an. Leur bilan n'est pas catastrophique. Il y a certes une légère baisse des valeurs spermatiques, une trompe à la perméabilité un peu altérée, mais rien de bien méchant. Une prise en charge simple, associant une stimulation de l'ovulation pour être sûr d'obtenir à chaque cycle un beau follicule du côté de la trompe normale, et une insémination pour pallier la faiblesse du sperme, devrait porter ses fruits. Seulement, qui dit stimulation par injection quotidienne dit aussi surveillance rapprochée. Quelques échographies sont en effet à prévoir pour déterminer le moment idéal pour réaliser l'insémination. Quelques jours plus tôt, je lui ai demandé de continuer son traitement et de revenir me voir. La situation n'est pas courante. Il arrive parfois que des couples interrompent brutalement le protocole pour des raisons personnelles, familiales ou professionnelles. Mais sans donner aucune nouvelle, ça, on ne me l'avait jamais fait !

Ce n'est que le lendemain, ou peut-être le surlendemain que je finis par résoudre l'énigme. Vers 7 heures du matin, alors que j'avale à la hâte un café en parcourant la liste des victimes du Bataclan dans *Le Parisien* – les attentats ont eu lieu quelques jours plus tôt –, je tombe sur le nom de ma patiente. Je cherche avec inquiétude celui de son mari, mais il n'y figure pas. Quelques heures plus tard, Bénédicte se glisse dans mon bureau entre deux consultations pour confirmer l'information : le mari vient d'appeler pour annoncer le décès. Je prends quelques secondes pour encaisser le coup et finis par décrocher mon téléphone. L'homme est en larmes. Il était au concert avec elle. Il me raconte, entre deux sanglots, la tentative de fuite, le chaos, les bousculades, leurs mains qui se lâchent dans la panique, le déchirement lorsqu'il comprend, une fois sorti de l'enfer, qu'elle, n'en réchappera pas. Il termine en évoquant cet enfant qu'ils voulaient tant et qu'ils n'auront jamais. Submergé par l'émotion, je fonds en larmes à mon tour. Je ne sais plus très bien qui de nous deux finit par consoler l'autre mais j'en oublie de lui présenter mes condoléances. En raccrochant, je m'aperçois que mes larmes ont effacé la plupart de mes rendez-vous de la semaine dans mon agenda. Je ne peux pas m'empêcher de jeter un œil au vendredi 13 novembre. À 17 h 15, on peut encore y lire « Mme T. Échographie du troisième cycle ».

XVII

Drôle de lubie

« Notre projet risque de vous choquer, docteur. »

Voilà une consultation qui commence bien ! Les deux hommes assis en face de moi sont venus me faire part d'un projet d'enfant « un peu particulier ». Je suis surpris car il est rare que je reçoive un couple d'hommes. Même avant que la loi bioéthique soit adoptée en France en septembre 2021, les femmes venaient consulter pour connaître les examens à effectuer avant de se lancer dans une procédure d'insémination à l'étranger. Mais les hommes, qui eux ne peuvent faire appel qu'à la GPA, n'avaient pas tellement de raison de me rendre visite. Leur bilan est, en effet, on ne peut plus simple. Il suffit d'une analyse de sperme et de quelques examens médicaux. Pour cela, pas besoin de l'aide d'un médecin français.

Mais le couple insiste : mon expertise l'intéresse. Ils me racontent un peu leur parcours.

Le milieu favorisé dans lequel ils évoluent – ils sont tous les deux cadres supérieurs, très supérieurs même –, l'absence de problèmes financiers qui n'est pas négligeable lorsqu'on sait que le recours à une mère porteuse coûte entre 70 000 et 100 000 euros. La conversation s'éternise sur leur aisance matérielle et je sens que l'on tourne autour du pot. Tout y passe, la maison avec jardin dans une banlieue chic de Paris, leur profession, les lieux où ils partent en vacances…

« Venons-en au but… »

Voilà, depuis quelques années, ils ont très envie d'avoir des enfants. Ils ont appris par des amis qu'il m'arrive de recevoir des couples d'hommes pour leur expliquer le parcours de GPA et leur éviter de se tourner vers des officines peu recommandables. C'est vrai. J'ai empêché plusieurs couples de partir dans des pays où l'on pratique la gestation pour autrui à des prix défiant toute concurrence mais où l'exploitation des femmes pauvres est une réalité inacceptable. Mais ma participation s'arrête là. La GPA est interdite en France et les médecins ne peuvent pas participer à cette prise en charge.

Si une GPA éthique est possible ? J'y crois, oui. À condition que la mère porteuse ne soit pas exploitée. C'est le cas, notamment, dans certains centres aux États-Unis, qui sélectionnent les candidates en s'assurant que leur projet n'est pas uniquement motivé par des raisons financières. Certains États imposent même des conditions de ressources minimum, une façon astucieuse de s'assurer que la démarche de porter un enfant n'est pas juste un gagne-pain. Et ça existe. J'ai toujours été surpris, lorsque je lance le sujet dans un dîner, du nombre de femmes qui seraient prêtes à porter l'enfant d'une amie, d'une sœur stérile par solidarité féminine. C'est autre chose lorsqu'il s'agit d'un couple d'hommes. Pourtant, les exemples de couples homosexuels épanouis et de familles heureuses font florès… Alors, pourquoi pas ?

En ce qui concerne les deux spécimens qui me font face, l'accouchement est douloureux. Finalement, celui qui a le moins parlé finit par m'exposer le « scénario ».

« Nous voulons un enfant. Enfin, deux. Plus précisément, des jumeaux. »

Jusque-là, rien d'exceptionnel. Comme chez les couples hétérosexuels infertiles, les jumeaux pourront leur permettre de « rattraper le temps perdu ». Je souligne quand même qu'une grossesse gémellaire n'est pas quelque chose d'anodin, qu'il existe des complications à la fois pour la mère et pour les enfants, du fait des risques d'accouchement prématuré. Mais l'histoire n'est pas finie. Ils veulent bien deux enfants mais pas n'importe lesquels : un blanc… et un noir ! Inutile de préciser qu'aucun des deux n'est noir. Je m'apprête à rire de leur blague, mais les deux hommes sont on ne peut plus sérieux.

« Il n'y a rien de plus mignon qu'un enfant noir. Surtout les petites filles, avec leurs jolies tresses dressées sur la tête. » L'idéal pour eux ? Un garçon blanc et une fillette noire. En une seule grossesse si possible. Tout a un coût, bien sûr, mais le centre qu'ils ont contacté aux États-Unis est prêt à réaliser leur rêve. Ben voyons ! Et ils n'ont pas d'envies particulières quant à la couleur des yeux, tant qu'ils y sont ?

Ainsi donc la reproduction se transformerait-elle en gigantesque supermarché où l'on choisirait les options de sa progéniture comme on le fait chez un concessionnaire automobile ? Je suis choqué. Ont-ils pensé aux enfants ? À leur vécu, leur ressenti, leur bien-être ? Deux enfants de mères génétiques différentes, de couleurs de peau différentes, mais portés par la même femme. Comment comptent-ils leur expliquer cette petite lubie ? Sans parler de la difficulté d'élever deux bébés en même temps. Ont-ils seulement idée que l'argent ne fait pas tout ?

À court d'arguments, je leur explique que, de toute façon, la loi française m'interdit de les aider. Et quand bien même, je n'aurais pas participé à ce projet, que je réprouve totalement. Peut-être devraient-ils aller consulter un psychiatre pour questionner ce désir si particulier ? Je vous assure, messieurs, un enfant n'est pas un fantasme.

XVIII

Un malheur n'arrive jamais seul

On dit souvent qu'un médecin, lorsqu'il retire sa blouse en rentrant le soir, laisse sur le portemanteau toutes les histoires de la journée. Si seulement ! Je n'ai, pour ma part, jamais réussi à me détacher complètement des drames et réjouissances qui viennent hanter mon cabinet. Il y a la joie, les miracles, le champagne que l'on m'apporte pour fêter l'heureux évènement, les faire-part que j'affiche fièrement en kaléidoscope dans le couloir qui mène à mon bureau. Mais il y a aussi les échecs, la frustration, la mauvaise nouvelle qu'il faut annoncer après les années d'attente et d'espérance. Comment peut-on s'habituer au malheur des gens ? Je ne m'y ferai jamais.

Allongée sur la table d'examen, la jeune femme que je suis en train d'ausculter fond en larmes. Son mari, qui était resté jusqu'alors sagement assis face à mon bureau, est venu nous rejoindre et lui tient maladroitement la main. Les yeux encore humides, elle se lève pudiquement et disparaît dans le petit vestiaire. Ses sanglots résonnent dans la pièce étroite ; le mari, qui est repassé côté bureau, est lui aussi effondré. J'ai beau avoir une certaine expérience, parfois je ne trouve pas les paroles pour apaiser la peine. Je sais à quel point les mots du médecin sont alors importants, à quel point ils peuvent être aussi destructeurs que réconfortants. Mais que dire à ces deux-là, trente-sept ans, à qui je viens d'annoncer après deux mois d'espoir que le cœur du fœtus – qui avait déjà pour eux un prénom, un visage, voire une poussette – ne bat plus ?

Lorsqu'ils sont venus consulter la première fois, ils essayaient depuis deux ans. Ils avaient acheté en pharmacie les tests d'ovulation qui permettent de programmer les rapports au bon moment du cycle pour augmenter les chances, mais sans succès. La gynécologue de la patiente avait mis quelques traitements simples en place, sans plus de résultats. Et pour cause, les bilans que je leur fais alors réaliser ne sont pas excellents. Lui a un spermogramme légèrement altéré. Elle, une trompe abîmée. Au vu de son âge, trente-sept ans, j'avais décidé de passer directement à la FIV pour ne pas perdre une minute. Après deux échecs, la troisième tentative m'avait donné raison. Quel ascenseur émotionnel, que d'apprendre au bout de deux mois que cette grossesse n'ira finalement pas à terme ! Devant leurs mines défaites, je m'empresse de voir le bon côté des choses. Pour eux, qui ne croyaient même plus à la possibilité d'une grossesse, c'est tout à fait encourageant. Je leur rappelle qu'ils ont encore quatre embryons congelés et autant de chances à la clé.

« Il y a des risques de récidive, docteur ? »

Je me dois d'être honnête. Bien sûr qu'une nouvelle fausse couche est encore possible. J'explique que le taux de fausses couches augmente avec l'âge de la femme. À trente-sept ans, il y a environ 35 % de fausses couches. Celles-ci sont liées, dans l'immense majorité des cas, à des anomalies chromosomiques de l'embryon dû au vieillissement ovocytaire. Et, malheureusement, il n'y a rien à faire pour les empêcher.

Malgré cette petite mise au point assez peu engageante, le couple décide de repartir à l'attaque. Le transfert des deux premiers embryons est un échec, mais au troisième, le taux de bêta-hCG, qui signe la grossesse, est positif. Ce taux, qui doit doubler toutes les quarante-huit heures, devient vite l'obsession des patientes. C'est dire si les comptes rendus de prise de sang sont attendus ! Si les deux premiers taux du couple sont bons, le troisième, en revanche, ne monte pas correctement. Bien au fait des critères idéaux de la cinétique, ma patiente s'inquiète. Je programme une échographie pour en savoir davantage. Surprise : il s'agit cette fois-ci d'une grossesse extra-utérine. L'embryon s'est niché dans la trompe. La grossesse ne peut pas évoluer favorablement et nécessite une prise en charge d'urgence car il y a un risque que la trompe éclate et provoque une hémorragie. Nouvel abattement.

« Mais comment est-ce possible, puisque vous avez vous-même déposé l'embryon dans mon utérus ? Comment a-t-il pu remonter tout seul dans la trompe ? »

Le phénomène est rare – 2 à 3 % – mais il est documenté. Il existe en effet au niveau de l'utérus des contractions imperceptibles qui chassent l'embryon vers l'une des trompes, où il se retrouve bloqué. Le tissu tapissant la trompe est réceptif à l'embryon, c'est pourquoi ce dernier s'y accroche et peut y entamer son développement. Je n'ai pas le choix : cette grossesse doit impérativement être interrompue pour éviter la rupture de la trompe. Je prescris donc un médicament qui permet d'interrompre la grossesse et d'éviter les complications, et m'attends à ne pas les revoir avant un petit moment.

Mais quelques semaines plus tard, les revoilà. Bien qu'affecté par cette deuxième complication, le couple a trouvé l'énergie pour se remettre en selle. Ces deux essais positifs, bien qu'ils se soient mal terminés, leur ont donné envie d'y croire. Ils ne peuvent pas baisser les bras maintenant. Je les félicite pour cet entrain, qui ne peut qu'être bénéfique, mais tiens quand même à leur rappeler que, n'ayant plus d'embryons congelés, c'est tout le protocole qu'il faut recommencer.

La nouvelle tentative donne quatre embryons de bonne qualité. Deux sont transférés, et, miracle, une troisième grossesse est obtenue. Le couple suit la montée des taux d'hormone de grossesse et tout se déroule bien. Ouf. Il attend avec fébrilité les premières échographies. Tout est parfait. Comme je ne m'occupe pas du suivi de grossesse, je les adresse à un collègue et leur souhaite bonne chance.

Mais, quelques semaines plus tard, nouveau rebondissement. J'apprends par mon confrère que les résultats des examens de dépistage de la trisomie 21 étant anormaux, une amniocentèse a été programmée. Et que celle-ci a malheureusement confirmé le terrible diagnostic. Le couple a donc décidé d'interrompre la grossesse. Difficile de décrocher son téléphone et de trouver une nouvelle fois les mots pour les consoler. Je les assure de mon soutien et, petit réflexe que j'ai devant chaque mauvaise nouvelle, je regarde immédiatement s'il reste des embryons congelés. Oui, il y en a bien encore deux en stock, mais auront-ils le courage de remettre ça ?

Il faut croire que la résilience humaine est sans limites. Environ six mois plus tard, le couple est de retour.

« Nous nous sommes beaucoup interrogés sur la poursuite du projet. Ces coups de bambou à répétition nous ont vraiment miné le moral. Mais on ne peut pas abandonner nos derniers embryons congelés après tout ce parcours, ce n'est pas possible ! »

Je les mets en garde : les trois grossesses obtenues précédemment n'annoncent pas forcément un nouveau succès. Les résultats positifs d'une FIV à trente-sept ans sont de l'ordre de 20 à 25 %… À tout prendre, me répondent-ils en chœur, ils préfèrent encore un échec à une nouvelle grossesse pathologique.

« D'ailleurs, docteur, me demande le mari un brin nerveux, y a-t-il une complication qu'on n'ait pas encore expérimentée ?

— Je pense que vous avez tout fait, là. Il ne vous reste plus que l'accouchement ! »

Nous revoilà partis pour le traitement, et le placement des deux embryons restants. Tout se passe bien et le succès est une fois encore au rendez-vous. Je n'ai pas de recette miracle. Ces couples qui ont la chance d'avoir des succès à répétition ne sont pas si fréquents malheureusement. Il y a dans la prise en charge des couples infertiles des choses que l'on ne maîtrise pas. Certains obtiennent une grossesse presque à chaque tentative. D'autres peuvent se voir transférer vingt embryons sans qu'aucun d'entre eux ne s'implante. Et la science ne parvient pas à comprendre pourquoi. L'implantation des embryons est la boîte noire de la médecine de la reproduction. Même si les précédentes grossesses se sont toutes mal terminées, je suis persuadé qu'elles ont au moins permis une chose : ma patiente y croit. Et c'est bien là l'essentiel pour qu'un projet d'enfant de cette ampleur arrive à terme. Inutile de préciser que toutes les étapes où la machine s'est auparavant enraillée sont attendues avec angoisse, tant par eux que par moi d'ailleurs. Mais tout se passe bien. Pas de fausse couche, pas de grossesse extra-utérine, pas de trisomie 21… La grossesse se déroule au mieux. À vrai dire, je n'y pensais plus lorsqu'un beau matin, je reçois un courrier du médecin hospitalier qui les suivait, et que je connais très bien.

« Cher François… »

Le courrier sur papier à en-tête de l'hôpital m'est souvent adressé avec le compte rendu de l'accouchement. Mais cette fois-ci, il n'en est rien.

« … C'est avec tristesse que je dois t'annoncer que Madame D. que tu connais bien, s'est présentée à huit mois et demi de grossesse aux urgences de la maternité car elle ne sentait plus son bébé bouger. L'échographie a malheureusement confirmé qu'il s'agissait d'une mort fœtale in utero. Aucune anomalie n'a été constatée et un accouchement a été programmé, qui a permis de retrouver le cordon ombilical du fœtus doublement serré autour du cou, ce qui explique probablement le décès. L'autopsie n'a révélé aucune autre anomalie. »

Comment croire une chose pareille ? Pourquoi le sort s'acharne-t-il sur certaines personnes plutôt que d'autres, et ce plusieurs fois, appuyant bien là où ça fait mal ? Les larmes aux yeux, je me laisse tomber sur mon fauteuil, complètement abasourdi. Comment ces jeunes gens allaient-ils s'en remettre ? Cette fois, je n'ai pas le courage de les appeler et décide plutôt de leur écrire une lettre pour leur témoigner mon soutien. En écrivant ces quelques mots, je mesure la chance que j'ai de voir grandir mes trois enfants, obtenus si facilement… Puis j'ai reposé mon stylo et éteint la lumière. Sans prendre le soin, cette fois-ci, de vérifier s'il restait des embryons. Je ne les ai jamais revus.

XIX

Jamais trois sans quatre

Dès la première consultation, je me rends compte qu'il y a un problème entre ces deux-là. Comment cette jolie blonde, extravertie et sympathique, peut-elle supporter l'humour pince-sans-rire et les petites remarques désagréables de son compagnon ? Ils ont une trentaine d'années et viennent consulter car ils essaient d'avoir un bébé depuis un peu plus d'un an. La jeune femme a déjà une fille de quatre ans d'une première union, lui n'a pas d'enfants. Le bilan que je prescris ne révèle aucune anomalie, ni chez l'un ni chez l'autre. Le spermogramme est parfait, les ovaires, les trompes, impeccables. Pour ce type de stérilité inexpliquée, je préconise un traitement simple, une stimulation faible associée à des inséminations. Mais les quatre premiers essais se soldent par un échec. Pendant les traitements, la patiente vient seule à tous les rendez-vous de contrôle. Le jour de l'insémination, le conjoint est présent et recommence à chaque fois le même cirque. Les plaisanteries vachardes succèdent aux petites piques désobligeantes, auxquelles la patiente répond sèchement. Parfois, la joute verbale se poursuit même à travers la demi-cloison qui sépare mon bureau de la salle d'examen, et la jeune femme, allongée sur la table de gynécologie et sur le point de recevoir l'insémination, essaie encore de clouer le bec de son infatigable partenaire…

À l'occasion d'une consultation destinée à faire le point sur les échecs répétés, alors que le jeune homme est à nouveau absent, elle me questionne :

« Mais enfin, docteur, comment expliquez-vous que je sois tombée enceinte si facilement de ma fille aînée et que je rencontre de telles difficultés cinq ans plus tard ? »

Je ne me permets jamais d'émettre la moindre remarque sur les relations de couple de mes patients. Mais ce peu d'harmonie entre eux, ces échanges à la limite de l'agressivité réciproque… Cette fois-ci, j'ose en esquissant un sourire.

« Vous êtes certaine de vouloir un enfant avec cet homme ? »

Je la sens dubitative. Après un bref silence, elle élude ma question et embraye sur la poursuite du protocole. Je lui propose de continuer la prise en charge et nous convenons d'attendre ses prochaines règles pour commencer un nouveau traitement.

Puis, plus de nouvelles. Je ne l'ai jamais revue dans mon cabinet.

Deux ans passent. Alors que j'assiste un soir au vernissage d'une exposition, une femme d'une soixantaine d'années vient me trouver.

« Bonsoir docteur. Excusez-moi de vous importuner. Je suis la mère de Mme P. que vous avez suivie. Ma fille ne vous a jamais recontacté. Nous sommes très proches et je connais la teneur de la dernière conversation que vous avez eue avec elle. Figurez-vous que quelques semaines après votre entretien, elle a découvert que son conjoint lui était infidèle. Elle l'a quitté sur-le-champ. Quelques mois plus tard, elle rencontrait un nouveau compagnon et s'est retrouvée enceinte sans l'avoir réellement désiré. Pour elle, il n'y avait pas tellement de risques, vous comprenez, alors elle a dû un peu négliger sa contraception… Bref, tout ça pour vous dire qu'ils ont finalement décidé de garder le bébé et que tout se passe très bien. Elle accouche dans deux mois. Vous aviez raison, docteur, il y a une grande part de psychologie dans tout ça ! »

Quatre ans plus tard, alors que je me promène sur mon lieu de vacances, je croise par hasard cette fameuse patiente. Elle est accompagnée de deux enfants. Une grande fille, probablement issue de sa première union, et un petit garçon d'environ trois ans – le bébé « surprise ». Et je constate qu'elle est à nouveau enceinte, de six ou sept mois. Elle n'a sans doute pas eu vent de ma rencontre avec sa mère, et me raconte son histoire :

« Vous vous souvenez, docteur, vous m'aviez demandé si je souhaitais vraiment un enfant avec le compagnon avec lequel j'étais venue vous voir à l'époque ? En sortant de votre bureau, je me suis posé la question. Et la réponse était assez claire : non, je ne le voulais pas. J'ai rencontré ensuite un autre homme et me suis retrouvée enceinte très rapidement. Puis, nous nous sommes séparés et je suis aujourd'hui enceinte de mon quatrième partenaire. Cette grossesse était plus planifiée. Nous avons décidé d'avoir un enfant au bout de deux ans de vie commune et cela a marché dès le deuxième cycle. Je ne suis peut-être pas douée pour garder mes conjoints, mais je suis fertile docteur ! », conclut-elle en éclatant de rire.

On parle souvent de stérilités « psychologiques ». Elles sont notamment évoquées dans des situations bien précises, lorsque la femme a subi des traumatismes dans l'enfance ou qu'elle a perdu un enfant dans des conditions tragiques.

Démontrer la réalité d'une stérilité psychologique est extrêmement difficile, mais – et cette histoire l'illustre bien – je suis convaincu que c'est un facteur déterminant. Parfois, les connaissances s'enrichissent de ce que la médecine appelle « les histoires de chasse », ces observations uniques, non corroborées par des études scientifiques sérieuses, mais qui renforcent parfois à merveille nos hypothèses théoriques…

XX

Un vrai miracle

« Compte tenu de l'état de vos ovaires, malheureusement, la prise en charge est impossible. Vos chances sont trop faibles. »

La déception est grande, mais la jeune femme assise en face de moi n'est pas dans le déni. Elle savait que ce risque existait. Annoncer que je ne peux pas aider un couple est toujours compliqué. Encore plus lorsque celui-ci est jeune. Ils ont un peu plus de trente-cinq ans et se sont rencontrés à l'hôpital. Elle a été traitée pour une leucémie et lui était son infirmier. N'est-ce pas romantique ? Ils se sont mariés et, comme la patiente était considérée comme guérie, les médecins ont donné leur feu vert pour une grossesse. Mais voilà, les traitements de chimiothérapie ne sont pas sans conséquences. Ils tuent les cellules cancéreuses et en profitent pour détruire les follicules qui contiennent les ovules. Certaines chimios entraînent même une stérilité définitive. Si tout est fait pour préserver la fertilité, la priorité reste, évidemment, de sauver la malade.

À l'époque, on ne proposait pas encore de congeler des morceaux d'ovaires avant d'appliquer les protocoles les plus agressifs. Le bilan, comme je viens de leur expliquer, est sans appel ; les ovules produits n'ont qu'une infime probabilité d'aboutir à une grossesse. Mais il y a une solution : le don d'ovocytes. Comme je le leur rappelle, la méthode a été utilisée pour la première fois en 1983, on a donc près de trente ans de recul. C'est un vrai miracle, qui permet aux couples de mener à terme un projet d'enfant sans avoir recours à l'adoption. J'ai pour ma part aidé des couples à avoir plusieurs enfants avec le don d'ovocytes, constituant ainsi des familles nombreuses, alors que les chances de grossesses étaient inexistantes.

J'explique au couple la méthode. Une donneuse sera choisie et appariée à la patiente. On sélectionne une personne ayant la même couleur de peau, d'yeux, de cheveux. Puis, un bilan complet est réalisé chez la donneuse pour éviter les risques de transmission de pathologies graves. Pour la patiente, le processus est simple : un traitement léger de préparation de l'utérus permet de le rendre apte à recevoir l'embryon, de synchroniser les cycles des deux femmes. Les donneuses sont jeunes et les taux de succès très satisfaisants – environ 50 % par essai.

Pour le couple qui s'est préparé au risque d'infertilité, c'est tout réfléchi. Mon discours ne fait que confirmer sa détermination. Sans plus attendre, je détaille les grandes étapes du protocole et les examens à réaliser au préalable. Il convient d'abord de faire une échographie en milieu de cycle pour vérifier que l'utérus est normal et que l'endomètre – la muqueuse qui en tapisse l'intérieur – se développe bien. C'est sur ce tissu que doit s'accrocher l'embryon pour donner la grossesse. Le couple repart moins abattu, avec l'ensemble des examens à réaliser avant de passer aux choses pratiques.

Quelques semaines plus tard, je reçois un coup de fil de l'échographiste que je leur avais recommandée.

« Bonjour François. Je suis avec Madame A., la patiente que tu m'as adressée pour un don d'ovocyte. Écoute, je vois un magnifique follicule sur son ovaire droit et son utérus a l'air parfait. Tu ne voudrais pas tenter une fécondation in vitro ? On ne sait jamais. En revanche, je te préviens, l'ovaire n'est pas facile à trouver… »

Je réfléchis quelques instants, et finis par accepter la proposition. Le couple doit effectuer une prise de sang en sortant du cabinet d'échographie et se présenter dans mon service, à l'hôpital Béclère, le lendemain matin à la première heure. Pour réaliser la ponction folliculaire, il faut faire une échographie par voie vaginale et introduire une fine aiguille à travers le vagin pour venir aspirer le liquide contenu dans le follicule – une petite poche d'à peine deux centimètres contenant l'ovule. Une fois la patiente installée dans le bloc opératoire, j'entreprends donc l'échographie. Je cherche, cherche encore, mais rien. Impossible de localiser le fameux follicule. Décelant mon impatience, la jeune femme s'inquiète :

« Vous pensez que j'ai déjà ovulé, docteur ? On arrive trop tard ? »

C'est une possibilité mais c'est peu probable. En effet, la prise de sang de la veille n'évoque pas l'éventualité d'une ovulation. Je décide d'appeler le service d'échographie de la maternité. Ah, que ferait-on sans un bon échographiste ? On en parle trop rarement, mais c'est une spécialité qui requiert beaucoup de talent. Il y a une dizaine d'années, comme la 3D n'existait pas encore, c'est l'échographiste, qui, grâce à toutes les données recueillies, modélisait le fœtus mentalement. C'est un don et tous les médecins ne l'ont pas, loin de là. Je suis, pour ma part, assez médiocre en la matière. Ce jour-là, je sais que le docteur S.D. est présent. On le considère comme le roi de l'échographie, il ne pourra pas passer à côté du follicule.

« Je finis un examen, et j'arrive. »

Dix minutes plus tard, le voilà dans l'arène. Il enfile à la hâte un pyjama de bloc et entre dans la salle d'opération.

« Vous êtes mon sauveur ? lui lance ma patiente.

— J'espère bien. »

Sans tarder, il saisit la sonde et part à la recherche de ce coquin d'ovaire droit qui joue à cache-cache. Après plusieurs minutes qui paraissent une éternité, le voilà ! Enfin ! Nous décidons de réaliser la ponction à quatre mains. Il va faire l'écho et me montrer le chemin pour que je plante l'aiguille au bon endroit pour récupérer l'ovule. L'opération est courte mais nécessite la plus grande précision. Cinq minutes plus tard, je tends la seringue contenant le liquide folliculaire à travers le passe-plat qui relie le bloc au laboratoire de FIV. Puis j'attends fiévreusement le résultat ; l'ovocyte n'est récupéré que dans 70 % des cas.

« C'est bon, lance la laborantine, les yeux rivés sur son microscope. Je l'ai ! »

J'informe ma patiente, qui n'en revient pas. Restons prudents, ce n'est pas encore gagné.

J'explique qu'il faut maintenant mettre cet ovocyte en contact avec les spermatozoïdes du mari et il y a encore 30 % de risques que la fécondation ne se fasse pas. Oui, je sais, les prochaines vingt-quatre heures vont sembler interminables.

Le lendemain matin, à peine arrivé à la clinique, je fonce au laboratoire. Là encore, c'est gagné. L'ovocyte est fécondé ! Mais nous ne sommes pas au bout du suspense, car il faut que l'embryon se développe correctement pendant les prochaines quarante-huit heures avant de pouvoir le transférer dans l'utérus.

« Il est superbe, cet embryon », s'enthousiasme deux jours plus tard la laborantine en me tendant la pipette pour réaliser le transfert. Le couple est là. La femme, installée sur la table gynécologique ; son mari, à ses côtés, lui tient la main. L'opération se passe au mieux et je prie intérieurement pour qu'après tant d'espoir, l'issue de toute cette aventure soit heureuse. Douze jours plus tard, les analyses annoncent un résultat de 235 UI/ml, une valeur à trois chiffres, signe de très bon pronostic. C'est positif et même très positif !

J'ai eu la chance de rencontrer, plusieurs mois après ces péripéties, le « bébé du miracle ». Un miracle collectif. Ce petit aurait-il été là sans la première échographiste qui y a cru, sans le deuxième qui m'a aidé à trouver ce sacré follicule, et sans l'équipe remarquable de fécondation in vitro qui a réalisé ce magnifique embryon ? Oui, faire un bébé, c'est un fabuleux travail d'équipe.

Reconnaissance

Tiens, c'est un bon cru ce matin. Trois jolies enveloppes colorées émergent de la paperasse qui orne mon bureau. Oh, un petit Basile ! Très mignon. Et celle-ci ? Rose… 4 kg 650 ? Un beau bébé dis donc. Ma tasse de café dans une main, et les faire-part dans l'autre, je parcours le couloir qui sépare mon bureau de la salle d'attente, en quête d'une petite place pour les trois nouveaux. Rien ne me fait plus plaisir que de recevoir, après parfois des années de souffrances et d'espoirs déçus, la bouille du bébé tant attendu. Bien sûr, je n'affiche que les faire-part les plus récents, sinon mon cabinet en serait tapissé, mais je conserve religieusement les autres dans des cartons. Impossible pour moi de songer à les jeter pour faire de la place. Combien sont-ils tous ces bébés que j'ai aidés à concevoir ? On m'a posé la question il y a quelques semaines et j'étais bien en peine de répondre. J'étais en vacances au ski et j'avais promis à un couple d'amis et leurs enfants de les rejoindre pour déjeuner dans un restaurant de la station. Arrivé à table, on me présente Arthur, un copain du fils de treize ans. « Et Arthur, voici notre ami François Olivennes. – Le François Olivennes qui est médecin et qui fait des FIV ? Ben, vous savez quoi, c'est grâce à vous que je suis là docteur ! » Ça alors, ses parents lui avaient donc parlé de moi ! J'étais très ému. Et le gamin de m'interroger sur le nombre de bébés qui, comme lui, me devaient la vie. Je lui explique à quel point la PMA n'est pas un exploit en solitaire mais un véritable travail d'équipe, puis nous nous prenons au jeu du calcul. Si l'on considère que 200 à 300 enfants par an sont nés par FIV et inséminations dans les hôpitaux publics à l'époque où j'y travaillais, et environ 150 dans le privé où j'exerce depuis quinze ans… Disons, entre 5 000 et 8 000. C'est vertigineux. Quelques années après mes débuts, je me souviens que René Frydman m'avait demandé, pour ma thèse de doctorat en médecine, d'essayer de retrouver les 400 enfants nés par les FIV que nous avions initiées. À l'époque, on n'avait que le Minitel et, comme dans l'excellent film Starbuck, *j'avais passé des dizaines et des dizaines d'heures à contacter les familles. Follement amusant… Bon, tout cela ne me dit pas où je vais pouvoir caser Basile et Rose dans ma galerie de nouveau-nés. Attention, les enfants, il va falloir se serrer.*

Remerciements

Merci infiniment à Victoria Gairin. Sa sensibilité, son accompagnement intellectuel et amical ont clairement contribué à ce texte.

Merci à mes trois enfants, Hannah, Joseph et George, d'avoir partagé leur père avec ce métier si envahissant. Les joies et la fierté qu'ils m'ont apportées, et qu'ils m'apportent encore, n'ont fait que renforcer ma détermination à aider mes patients à concrétiser leur rêve.

Merci à René Frydman de m'avoir donné envie de faire ce métier et de m'avoir choisi pour travailler à ses côtés.

Merci à mes fidèles secrétaires Bénédicte et Solange, qui m'apportent un soutien sans faille et qui sont un des rouages essentiels de cette activité.

Cet ouvrage a été achevé d'imprimer par
CPI Firmin-Didot au Mesnil-sur-l'Estrée
pour le compte des éditions Grasset
en septembre 2022.

Mise en pages
PCA 44400 Rezé

PAPIER À BASE DE
FIBRES CERTIFIÉES

Grasset s'engage pour
l'environnement en réduisant
l'empreinte carbone de ses livres.
Celle de cet exemplaire est de :
300 g éq. CO_2
Rendez-vous sur
www.grasset-durable.fr

N° d'édition : 22574 – N° d'impression : 171880
Dépôt légal : octobre 2022
Imprimé en France

me méfier de l'eau qui dort », avait-il ajouté. Et puis cet éclat avec, encore, Joubert, qu'elle avait sauvé… Jeanne avait demandé si elle était mariée et Pierre Quémeneur avait eu l'air de mal prendre sa question. « Elle est mariée », lui avait-il répondu d'un ton sec. Céleste avait surgi à ce moment, elle n'avait pas éclairci la réaction du commissaire.

Son cher vieil oncle. L'esprit de Jeanne carburait à toute allure alors qu'elle contemplait la policière. Elle se sentait prise d'une sorte de vertige. Est-ce qu'elle pouvait se confier ? Impossible de faire une déposition. D'abord, cela l'éjecterait de la procédure, et, ensuite, la honte et l'opprobre s'abattraient. Surtout, Jeanne ne voulait pas imaginer les conséquences cataclysmiques qu'entraînerait sa déposition pour sa vie personnelle. Pour sa vie tout court, peut-être.

Elle n'était plus la défenseure de la veuve et de l'orphelin naïve et engagée de ses débuts – la vie s'était chargée, à grands coups de taloche, de lui faire entrer dans le crâne que les idéaux sont réservés au monde idéal –, mais elle n'avait pas pour autant jeté aux orties toutes ses valeurs ni tous ses principes. Elle ne pouvait pas laisser condamner un innocent. Elle ne pouvait même pas le laisser partir en préventive. Il fallait qu'elle trouve un moyen de le disculper, sans avouer que Killian Troarec faisait partie de la poignée d'hommes qui lui étaient rentrés dedans, le samedi précédent, alors qu'elle se trouvait aussi nue qu'Eve, bien loin du paradis, tandis que son mari jouait à la toupie égyptienne ou à l'hélicoptère chinois avec cette grande rousse qui n'était pas avare de vocalises.

Elle l'avait reconnu avant qu'il ouvre la bouche, et ce chuintement caractéristique avait achevé de la conforter : Killian Troarec était celui qui lui avait évité, pour une fois, de regretter d'être venue partager la misère sexuelle de Xavier et de ses congénères. Elle était étonnée qu'il ne l'ait pas, de son côté, reconnue. Cela dit, coiffée différemment, un loup épais sur le visage…

— Je ne peux pas te dire pourquoi, Céleste, mais ce type vous dit la vérité, il a passé la soirée dans cette maison.

Céleste croisa les bras. Soumise à l'éclat de ses yeux, Jeanne se sentit flancher. Mais elle ne pouvait pas. Pour sa propre sûreté, elle ne pouvait pas céder.

— Je ne peux pas te dire comment je le sais. Ça… ça compromettrait une opération en cours si ça se retrouvait dans la procédure.

Bizarre comme le mensonge lui était venu spontanément aux lèvres. Quand est-ce que ça avait commencé ?

Céleste, qui allait parler, sembla se raviser, puis, finalement, demanda :

— Qu'est-ce que tu veux que je fasse ?

— Continue l'enquête. Trouve qui a fait ça.

— Le premier juge d'instruction venu incarcérera Troarec avec ce qu'on a sur lui, tu le sais.

Jeanne acquiesça avec un peu trop de précipitation. Calme-toi, s'exhorta-t-elle. Ne montre pas que tu es personnellement affectée.

— Il nous reste quatre jours de procédure de flag, répondit-elle avec un aplomb qu'elle était loin de ressentir. Sans juge d'instruction à saisir. Continue à t'interroger sur la réalité de l'homicide dans tes PV. Que je ne sois pas obligée d'ouvrir une instruction.

La substitute pivota sur ses talons, mais Céleste l'arrêta en lui attrapant le bras. Sa poigne était ferme, pourtant Jeanne ne ressentait aucune douleur, comme si la policière savait exactement où s'arrêter pour maintenir sans faire mal. C'était une sensation inhabituelle pour elle. Elle se retourna et sa manche se releva. Paniquée, elle se dégagea précipitamment de l'étreinte de Céleste pour laisser retomber son chemisier sur son poignet.

— Qu'est-ce que tu veux que je dise à Quémeneur ? demanda Céleste.

Jeanne soutint le regard de celle qui avait été son amie. Elle avait envie de crier qu'elle n'était pas comme ça, que ce n'était pas elle. Qu'elle connaissait la frontière entre le bien et le mal ! Qu'elle faisait tout du mieux qu'elle pouvait pour aider, pour ne nuire à personne, pour que tout aille bien ! Elle réprima l'envie de fermer les yeux. A l'époque, Céleste était un roc. Une fille solide et droite sur laquelle on pouvait s'appuyer sans réserve. Elle s'empêcha de penser au passé. Elle devait se concentrer sur un présent bien assez compliqué.

Comme elle ne répondait pas, Céleste continua :

— Que tu as une information secrète que tu ne peux pas partager, mais qui disculpe Troarec ?

Jeanne mobilisa toute son énergie pour ne pas trahir la panique qui l'étreignait de nouveau. Pierre. Elle n'en avait pas tenu compte dans son équation. Elle devait le laisser à l'écart de tout ça. Il ne devait pas l'apprendre. Elle sentit ses joues s'empourprer et, dans un geste puéril, se pinça les oreilles. Elle utilisa ses ongles pour avoir mal. La douleur lui permettait de canaliser son esprit. Et son esprit fonctionnait à toute allure, comme si elle avait brusquement laissé la bride sur le cou à un attelage qui menaçait à tout moment de verser dans le fossé.

— Il est au courant de ton opération confidentielle ? insista Céleste. Ça a à voir avec le barbecue ?

Barbecue ? Pourquoi parlait-elle du barbecue ? Le souvenir de Céleste surgissant de la chambre avec la photo de la rousse revint à l'esprit de Jeanne. Cette fille avait bénéficié des faveurs de son époux pendant une partie de la nuit, le samedi précédent. Cette crinière incroyable, ce corps parfait. Le soulagement l'envahit lorsqu'elle prit conscience que Céleste semblait avoir gobé son mensonge. Suivi par une sensation nauséeuse. Qu'est-ce que je suis en train de faire ? Qu'est-ce que je suis devenue ?

Jeanne se frotta les mains l'une contre l'autre. Elle secoua la tête pour éluder la question de Céleste. Elle devait protéger Xavier et Pierre, et épargner la prison à un innocent.

Céleste la saisit par les avant-bras. Jeanne réprima un cri de douleur et la policière desserra un peu sa prise.

— Réponds-moi, Jeanne.

Ses yeux flambaient de colère. Je suis désolée, pensa Jeanne. Je suis désolée, mais je ne peux pas t'expliquer. Elle avait rarement eu la sensation de se trouver prise entre plusieurs feux sans savoir où se trouvait l'échappatoire, ni même s'il y en avait une, et cette sensation menaçait de l'étouffer.

Les mâchoires contractées, elle demanda à Céleste :

— Vous avez interrogé la propriétaire de cette maison… de plaisirs ? Elle pourra certainement confirmer l'alibi.

— Elle ne peut pas confirmer l'alibi. Mais enfin, Jeanne, siffla Céleste entre ses dents, tu te rends compte des preuves qu'on a contre ce type ? Des empreintes, des poils, deux contraventions, une condamnation pour agression sexuelle, un passé… C'est le parfait coupable ! Permets-moi de douter de ton alibi de dernière minute, surtout quand je ne sais pas d'où il vient.

Puis Céleste la lâcha brutalement. Jeanne trébucha et alla heurter le mur du plat du dos. La cloison vibra. Les genoux tremblants, elle reprit son équilibre. Céleste se précipita vers elle, l'air contrite, mais Jeanne l'arrêta d'un geste. Elle lissa sa jupe du plat de la main et pensa qu'elle n'avait pas le choix. Quand le vin est tiré, il faut le boire. Elle devait se montrer forte. Tout ce qu'elle voulait, à l'instant, c'était se glisser dans les bras de Céleste, s'y cacher, s'y endormir, y lécher ses blessures, se laisser envelopper, recouvrir. Redevenir comme avant. Redevenir la même qu'avant. Et c'était impossible, elle le savait.

— Je suis absolument certaine de l'alibi de ce type, dit-elle finalement. Interrogez l'organisatrice.

Elle faillit ajouter : « Elle doit avoir des listes », mais se tut abruptement.

La policière lui adressa un coup d'œil circonspect et répondit qu'elle lui avait déjà dit que l'organisatrice ne pouvait rien affirmer.

Soudain, Jeanne en eut assez de lutter contre Céleste, assez qu'elle s'obstine, assez qu'elle se croie autorisée à lui parler d'égale à égale, comme si leur amitié n'avait pas volé en éclats vingt ans auparavant. Les ongles enfoncés dans les paumes, la voix coupante, elle reprit :

— Je dois d'abord discuter avec le responsable de l'opération, mais je devrais pouvoir t'envoyer un autre témoin qui confirmera l'alibi de Troarec. Je te tiendrai au courant. D'ici là, il suffira d'obéir, capitaine.

Le dos raide, Jeanne pivota sur ses talons et ouvrit la porte de son bureau à la volée. Elle allait appeler Ornella et lui demander de témoigner sans la citer. Puis un gros nœud se forma dans son estomac. Pourvu qu'on ne la force pas à donner la liste de ses clients, sinon elle n'allait pas pouvoir échapper au scandale. Même si ce n'était pas le pire.

15 h 30

Céleste

— Elle vous a raconté qu'elle était à la soirée de Troarec et qu'ils avaient couché ensemble toute la nuit, c'est ça ? demanda Ithri, goguenard.

Céleste et lui s'éloignaient à grands pas du couloir du parquet. Troarec était libre, la substitute avait levé sa garde à vue et l'enquête de police devait reprendre à zéro.

Furieuse, Céleste lança un coup d'œil torve à son adjoint. Ce n'était pas impossible, ça lui avait même traversé l'esprit, mais elle préférait ne pas y penser. Se figurer Jeanne soumise aux appétits transpirants d'un groupe d'hommes au ventre mou et blanc sur le lit forcément sordide d'un pavillon de banlieue était au-delà de ses forces. Une inconnue, oui. Pas Jeanne.

— Elle m'a parlé d'une opération de police en cours, grommela-t-elle à l'intention de son jeune collègue.

Ithri, malgré sa stature, peinait à se maintenir à sa hauteur. Il avait ramassé en hâte son ordinateur et le dossier de police et luttait contre son sac tout en marchant. Son pantalon de lin lui battait les jambes et Céleste remarqua une longue trace noire sur une cuisse.

— Qu'est-ce qu'on fait, maintenant ? demanda-t-il.

— On va continuer, qu'est-ce que tu veux qu'on fasse ? C'est elle qui dirige l'enquête. Si elle veut qu'on regarde ailleurs, on regarde ailleurs.

— Et si…

— Si on ne récupère pas d'alibi, on avisera, le coupa Céleste. Il faut trouver une nouvelle direction.

Sur le parvis du palais de justice, un sac plastique virevoltant vint se précipiter dans ses jambes et elle s'arrêta pour le ramasser. Le sac crissa sous ses doigts contractés. Pour la première fois depuis longtemps, sa douleur à la cuisse était devenue difficile à supporter. Elle ne faisait pas assez d'exercice, pensa-t-elle.

— Je veux qu'on reprenne les indices qui nous ont conduits à Troarec. Pourquoi est-ce qu'elle l'a couché sur son testament, en premier lieu ? Et comment se fait-il que sa voiture ait été flashée ailleurs que là où il se trouvait ? Est-ce qu'il ment sur son absence de relations avec Anne Arnotte et, dans le cas contraire, comment ses poils pubiens se sont-ils retrouvés dans le lit de la victime ?

— Vous voulez dire qu'il aurait été piégé ?

Ithri ferma précipitamment son sac.

— Je veux dire que tout mène à lui. Soit c'est lui et son alibi ne va pas tenir longtemps, soit ce n'est pas lui et, oui, on peut se poser la question de savoir pourquoi tous ces indices mènent à lui.

— Mais c'est lui qui hérite ! s'exclama Ithri.

Céleste secoua la tête. Il montait du fleuve une odeur de fange.

— Pas s'il est condamné. Ça t'ennuie si on marche ?

Sans vraiment attendre de réponse, Céleste s'engagea sur un chemin piétonnier le long du quai. Débarrassés du palais de justice et de son ombre imposante, les deux policiers profitèrent de la douceur des rayons du soleil.

— Les auteurs de meurtre ou de tentative de meurtre sont automatiquement exclus de la succession, expliqua Céleste.

— Qu'est-ce qui se passe, alors ?

Céleste haussa les épaules.

— C'est le juge qui décide. J'imagine que, dans ce cas, le plus logique sera de revenir au testament antérieur.

— Si on se retourne vers le précédent, c'est la fondation Bellanger qui récupère l'argent et donc… il faut chercher qui est derrière la fondation Bellanger, c'est ça ? dit Ithri.

Le téléphone de Céleste sonna, interrompant net le questionnement de son coéquipier. Elle espérait un appel de Marie. Parce qu'elle allait appeler. C'était obligé. Elles ne restaient jamais sur un malentendu ou une dispute.

Ce n'était pas Marie, c'était Quémeneur. A peine Céleste avait-elle décroché qu'il se mit à hurler.

— C'est quoi ce bordel, putain ! J'ai une manifestation devant le commissariat pour réclamer justice pour Anne Arnotte !

— Une manifestation ?

— Un rassemblement spontané, qu'ils disent. Spontané mon cul, oui !

— Ils sont beaucoup ?

Quémeneur se radoucit.

— Non, une vingtaine. J'ai fait sortir des képis, ils se dispersent. C'est pas des gilets jaunes, ceux-là… Bon, pourquoi est-ce que personne ne me rappelle pour l'incarcération du hardeur ?

Un blanc.

— Remis en liberté, laissa tomber platement Céleste. Un alibi de dernière minute.

Elle fit signe à Ithri de continuer à marcher et lui emboîta le pas tout en éloignant le téléphone de son oreille. La réaction du commissaire ne se fit pas attendre, mais elle se traduisit par un long silence. Puis Quémeneur rugit et les deux policiers poussèrent un soupir de soulagement. Au bout de cinq minutes de cris et d'explications, Quémeneur raccrocha rageusement.

Ithri se tourna vers Céleste tout en avançant.

— Pendant qu'on était dans le bureau du procureur, j'ai eu une idée, dit-il.

— Laquelle ?

Céleste jeta un regard derrière elle. Ils se déplaçaient vite et le massif palais de justice avait disparu. Si elle ne se trompait pas, ils se dirigeaient droit vers le Foyer. Est-ce là qu'Ithri comptait l'emmener ?

Le quai se déroulait devant eux, tapissé de vieux pavés inégaux et de dalles lisses qui s'entremêlaient pour définir les espaces piétonniers et cyclistes. De longues traverses de métal rouillé délimitaient le bord du chemin, avant la Loire et ses tourbillons mortels. Par quel mystère n'y avait-il aucune barrière, Céleste n'aurait su le dire mais trouvait l'initiative osée. La douleur dans sa cuisse s'intensifiait, alors que la marche aurait dû l'apaiser. Elle chercha dans le fond de ses poches deux comprimés de Tramadol qu'elle avala sans eau. Ithri ralentit l'allure.

— Le compte Facebook d'Anne Arnotte. Il y a une option de géolocalisation. Généralement, on n'y prend pas garde et peu de personnes savent qu'elle existe, mais on peut y accéder avec l'identifiant et le mot de passe, et c'est plutôt précis.

Céleste balaya l'air de la main pour qu'il lui épargne les détails techniques.

— J'ai consulté son historique et, effectivement, son téléphone est resté un peu plus tard que d'habitude au Foyer, samedi soir, comme Inès Fauré et Virginie Chedet nous l'ont déclaré, mais pas beaucoup plus tard.

— D'habitude, elle partait à 21 h 30, et, ce soir-là, elle est partie à 22 h 35, d'après la triangulation, lui rappela Céleste. Même si aucun de nos deux témoins n'a pu nous donner une heure précise, c'est plutôt crédible, non ?

Le sourire d'Ithri s'élargit.

— Ce qui est intéressant, c'est que le téléphone a bougé entre 21 h 40 et 22 h 35.

— Ça n'a peut-être pas une précision folle, non plus, fit remarquer Céleste.

Elle n'y connaissait pas grand-chose en réseaux sociaux, mais elle n'était pas complètement ignare en géolocalisation.

— Il y a des erreurs, en effet, mais pas lorsque le téléphone reste longtemps au même endroit. Et ce que nous dit son historique, c'est qu'Anne Arnotte n'a pas quitté le Foyer jusqu'à 21 h 37, puis que son téléphone s'est déplacé et qu'il est ensuite resté au même endroit, à dix mètres, pendant une petite heure.

Surprise, Céleste demanda :

— Qu'est-ce qu'il y a, à dix mètres ?

En quelques minutes, ils avaient rejoint le parvis des anciens Chantiers Dubigeon, puis les Machines de l'île. Ils dépassèrent le Carrousel des mondes marins. Un éléphant de métal et de bois haut de plus de dix mètres avançait à pas lents, transportant sur son dos et ses flancs des touristes enthousiastes. L'animal mécanique ne manquait pas de poésie malgré ou peut-être grâce à ses articulations apparentes. Céleste s'immobilisa, fascinée par sa lenteur et son incongruité. Les membres de bois luisaient doucement au soleil. Il émit soudain un jet de vapeur. Ses oreilles, sa trompe et sa tête remuaient en cadence, faisant déguerpir les enfants qui s'en approchaient d'un peu trop près.

Céleste était impatiente d'en savoir plus sur l'emploi du temps de leur victime. Le Tramadol agissait vite et la douleur s'apaisait.

— Le parking, répondit Ithri, content de lui. La précision est assez démente, je vous montrerai. On a des petits points rouges lorsque le téléphone est en mouvement, en voiture par exemple, et de gros points rouges quand le téléphone reste au même endroit. Tout ça sur une carte.

— Donc Anne Arnotte aurait quitté le Foyer, laissé son téléphone pendant une heure sur le parking puis serait revenue le récupérer et serait rentrée chez elle, c'est ce que tu me dis ?

— C'est ça.

— Où aurait-elle pu aller ? C'est la zone, il n'y a rien !

— C'est ce que je me suis dit, répliqua Ithri. Alors je suis remonté dans l'historique. Les trois samedis du mois de mai, le scénario est le même : le téléphone bouge jusqu'au parking, où il reste pendant une heure ou une heure trente. Les samedis qui précèdent, c'est différent. Elle a dû conserver son téléphone avec elle.

— Où est-ce qu'elle est allée ?

Les policiers se trouvaient devant une grande grue jaune, emblème des docks de la ville depuis plusieurs générations. De l'autre côté de la Loire, les quais et leurs contreforts, avec leurs immeubles bourgeois, masses blanches et beiges aux toits d'ardoise. Derrière, le dôme de l'église Saint-Louis, rayé de gris et de blanc.

Ithri ne l'avait pas menée jusqu'ici pour admirer le paysage.

— Là, dit-il.

Il désigna une palissade de bois délimitant un espace improbable devant un hangar aux portes colorées. Comme un parc pour adulte.

Une route existait, mais de gros blocs de pierre interdisaient l'entrée aux voitures. Elle était gravillonnée et poussiéreuse. Quelques papiers et des objets rouillés parsemaient le sol de loin en loin. Céleste s'approcha. Quoique vieilles, les planches étaient bien jointes et la policière dut longer la clôture pour trouver un interstice et regarder à l'intérieur.

Une coque de bateau en bois soutenue par des étais trônait au centre de l'espace. D'autres coques étaient retournées et posées à même la terre, dans un état guère engageant. Ces bateaux ne reverraient pas le fleuve de sitôt. Une pelleteuse mécanique et un chariot élévateur rouillaient près d'une ouverture.

— Elle venait ici tous les samedis soir depuis aussi longtemps que j'ai pu remonter, juste après sa soirée de bénévolat au Foyer, dit Ithri. Ça s'arrête il y a à peine un mois, mais comme son téléphone reste une heure de plus au Foyer, il est possible qu'elle l'ait laissé dans sa voiture et qu'elle ait continué à venir ici.

— Qu'est-ce qu'elle pouvait faire ici un samedi soir ? s'interrogea Céleste à voix haute.

L'ancien hangar à bananes, réhabilité et transformé en une succession de restaurants et de galeries branchés, se situait à plusieurs centaines de mètres. Les Machines de l'île aussi. Il n'y avait rien. Juste une friche industrielle et quelques hangars défoncés.

— Est-ce qu'elle aurait pu envisager de racheter tout ça pour en faire un nouveau Foyer ? demanda Céleste en tournant lentement sur elle-même.

— J'y ai pensé, répondit Ithri, mais l'horaire n'a pas de sens.

— Un rendez-vous ?

— Une femme seule dans un endroit pareil ? Je n'en connais aucune qui aurait pris le risque.

Sans répondre, Céleste longea de nouveau la palissade en direction du quai des Antilles et du hangar à bananes, suivie par Ithri. L'endroit suintait la désolation. Ithri avait raison. Aucune femme saine d'esprit n'aurait accepté un rendez-vous dans un endroit pareil.

— Elle aurait pu venir accompagnée, proposa Céleste.

Ithri inclina la tête vers son épaule droite, qui se souleva dans un mouvement presque comique.

— Pour quoi faire ?

Bien sûr. Il n'y avait rien à faire, dans un tel endroit. En continuant à marcher, Céleste avisa un homme assis devant la porte ouverte d'un hangar.

— On va aller discuter avec ce type, là-bas, décida-t-elle.

Elle se dirigea vers lui, Ithri pressant le pas à ses côtés.

L'homme, les cheveux un peu longs et des rouflaquettes qui lui descendaient jusqu'au menton, assis sur un billot de bois, nettoyait au jet d'eau une sorte de bloc de métal coloré. Il chantonnait en frottant, et des gouttelettes d'eau ricochaient en mini arcs-en-ciel dans le soleil derrière lui. La scène avait quelque chose de paisible et de saugrenu à la fois.

— Police, bonjour monsieur.

L'homme releva la tête avec brusquerie. Sur la réserve, il ne répondit rien mais observa calmement la carte que lui présentait Céleste. Le tuyau d'arrosage dévia vers Ithri, qui fit un bond de côté pour éviter le jet. L'individu coupa l'eau. Il s'essuya les mains sur son jean informe et délavé, laissant de longues traces sombres, puis demanda, l'air goguenard :

— Blessures de guerre ?

Céleste soupira de nouveau.

— On peut dire ça comme ça.

— Il ne vous a pas ratée, en tous les cas. Qu'est-ce que vous lui aviez fait pour qu'il vous amoche à ce point-là ?

Il y avait une pointe d'admiration dans sa voix. L'homme s'était déplié de toute sa taille et il dominait Céleste et Maksen d'une bonne tête. Ses épaules bien découplées bloquaient le soleil derrière lui et son visage se trouvait de fait en contre-jour. Céleste cligna des yeux et leva un bras pour se protéger de la lumière.

— Nous enquêtons sur un homicide, monsieur. Nous avons besoin de savoir ce qui s'est passé ici samedi soir dernier.

L'homme ne dit rien. Aveuglée, Céleste ne parvenait pas à lire l'expression de son visage.

— Ça baise, répondit l'homme, finalement. Derrière les palissades, devant le hangar à bateau. C'est un baisodrome à ciel ouvert. Les gens qui viennent ici, c'est soit pour mater, soit pour consommer.

— Et c'est tout ?

— Je sais pas ce qu'il vous faut de plus ?

— De la drogue, des putes ?

Même avec le contre-jour, Céleste pouvait voir les signes de dénégation de l'homme.

— Non, j'en ai pas entendu parler. Mais à cette heure-là, j'ai fermé depuis longtemps. Et puis, personne ne passe ici. Faut venir à pied. C'est pas éclairé. Personne n'atterrit ici par hasard, si ? Vous devriez demander à vos copains des mœurs, ils doivent être au courant. S'il y avait des putes ou de la came, je suis sûr qu'on aurait vos potes sur le dos en permanence. Ils ne résisteraient pas au plaisir de gonfler leurs statistiques. Vous êtes de quel service, déjà ?

— Police judiciaire. On s'occupe d'un possible homicide précédé de viol. Une femme.

— Ici ?

— Non. Mais c'est là que son téléphone a borné pour la dernière fois.

— Un viol…

Le ton de l'homme s'était radouci. Céleste se rendit compte qu'elle était tendue lorsque ses épaules s'abaissèrent d'elles-mêmes. L'homme sortit un paquet de tabac à rouler de sa poche et en retira une cigarette à moitié fumée. Il l'alluma et la flamme éclaira brièvement son visage. Des cheveux parsemés de fils blancs, des rides d'expression. Il devait avoir atteint les cinquante ans, pensa Céleste.

Un Navibus passa derrière eux dans un bruit de vagues et d'éclaboussures. Ithri se retourna pour regarder le bateau, ses couleurs, blanc et vert, se détachant nettement sur le fleuve. Un gamin faisait coucou à qui voulait bien lui répondre.

— Est-ce que vous avez constaté des dégradations, à la suite de ces soirées ?

L'homme tira sur sa cigarette, dont l'extrémité rougeoya en grésillant. Il souffla la fumée, les yeux plissés.

— Je ferme ma grille, personne n'a encore essayé de l'escalader. Je ne dis pas que je n'ai jamais trouvé de capotes, mais c'est pas fréquent. En revanche, les services de la ville sont à pied d'œuvre tôt le lendemain matin, ils pourraient peut-être mieux vous renseigner… Ça va faire cinq ans que je bosse ici, depuis qu'ils ont rouvert les chantiers, et, franchement, j'ai jamais eu un problème avec les mecs qui s'enfilent le samedi, ni rien entendu de la part de mes collègues.

Il jeta son mégot par terre et l'écrasa du bout de la chaussure.

— C'est pas que je ne veux pas vous aider, putain, viol et meurtre… continua l'homme en écartant les bras. Mais je ne vois pas trop en quoi.

Tandis qu'ils regagnaient sa Porsche, Céleste appela les services de la ville. Fermés à 18 h 30, proclamait le répondeur, merci de rappeler demain. Elle consulta l'écran de son téléphone. 18 h 15.

Elle hésita à peine avant de coller le gyrophare sur le toit de sa voiture, puis remonta à toute allure les boulevards, sirène hurlante.

Céleste alluma la radio. La fin du jingle de France Bleu et la voix du journaliste qui s'élève :

« Le principal suspect dans la mort de l'industrielle nantaise Anne Arnotte a été relâché cet après-midi après un alibi jugé convaincant par le procureur de la République de Nantes. Nos confrères de *La Source de l'Ouest* affirment cependant que les preuves à l'encontre du suspect sont accablantes et que la décision du parquet est, je cite, "incompréhensible". »

Ithri regarda Céleste, qui ne quittait pas la route des yeux et, sans se concerter, les deux policiers tendirent le doigt pour couper la radio.

— Il faut qu'on demande à Quémeneur d'assurer une protection à Troarec, dit Céleste. Je ne sens pas cette histoire. Qu'est-ce qu'ils ont, ces journalistes ? Ils veulent une émeute ou quoi ?

Toujours maugréant, Céleste se gara à la hussarde devant la mairie centrale, bondit hors de sa voiture et se précipita à l'accueil. Elle avait besoin que les choses bougent, là, maintenant, et peu importait que son petit manège vise surtout à évacuer sa frustration.

Ithri la rejoignit au comptoir, à pas nettement plus lents, un peu chancelant.

La réceptionniste avait l'air renfrogné de celle qui reste pour éteindre les lumières.

— Tous les services sont fermés, protesta-t-elle. A cette heure-ci, vous pensez bien.

Non, il n'y avait pas de permanence d'urgence. Il fallait s'adresser à la préfecture. L'employée de l'accueil griffonna rapidement quelque chose sur un carton.

— Pour les urgences, il y a la police, le SAMU, les pompiers ou la préfecture. C'est à eux de gérer si la mairie doit être impliquée, mais je ne vois pas ce que la mairie gérerait en urgence.

Elle avait la voix traînante, la paupière tombante et les doigts jaunis de la fumeuse invétérée.

— Si tous les services sont fermés, pourquoi êtes-vous toujours là ? demanda Céleste.

La femme haussa les épaules au ralenti.

— Ch'sais pas. C'est marqué qu'on est ouvert jusqu'à 19 heures, sur le site Internet.

— Est-ce qu'il y a du monde qui travaille dans les bureaux ? questionna Céleste.

La femme leva ses paupières avec effort. C'était étrange qu'on l'ait placée à l'accueil, tout de même. Ou bien était-ce une volonté délibérée ? Céleste s'approcha un peu plus et prit en pleine face son haleine chargée d'alcool lorsque la femme répéta :

— Ch'sais pas.

Derrière Céleste, les portes coulissantes s'ouvrirent. Elle résista à l'urgence de se retourner pour contrôler qui entrait, laissant cette tâche à Ithri. Il s'était accoudé au comptoir et reprenait peu à peu des couleurs.

Céleste sortit de sa poche sa carte de police.

— Ecoutez, madame, nous devons parler d'urgence à un responsable. Indiquez-nous le service de la voirie.

La réceptionniste resta silencieuse quelques instants, l'air absorbée dans une intense réflexion. Céleste s'approcha un peu plus et lui glissa à voix basse :

— Ouvrez-moi ce putain de sas tout de suite ou je vous fais passer un éthylotest et vous perdez votre boulot.

La femme la fixa de ses yeux ronds, et le clic de déblocage des portes renforcées signifia aux deux flics qu'ils avaient le champ libre.

— Que cherche-t-on, comme service ? demanda Céleste à Ithri.

Elle espéra secrètement qu'ils ne se feraient pas enfermer dans la mairie. Pendant un instant, elle s'imagina obligée de désintégrer à coups de feu les vitres renforcées – que se passait-il dans ce pays pour que la mairie ressemble à Fort Knox ?

Ithri, le nez collé sur son téléphone, lui fit signe d'attendre, puis lui répondit :

— On peut essayer soit la direction de la sécurité et de la santé publique – c'est eux qui doivent envoyer les flics municipaux –, soit le service des espaces verts.

Ils hésitèrent quelques secondes et c'est devant un grand panneau d'orientation qu'ils prirent une décision.

L'architecte de la mairie – ou son aménageur – s'était appliqué en ce qui concernait la signalétique interne de l'édifice, si bien qu'il ne fallut guère de temps aux deux policiers pour s'apercevoir que le service des espaces verts était juste à côté. Il suffisait de tourner à droite, de longer une passerelle de verre… Non, rebrousser chemin, tourner à gauche, bien sûr, le nord était indiqué ! Au bout de la passerelle de verre, une porte à battant menait à un long couloir, celui des services de l'environnement et du cadre de vie.

Des flaques de lumière illuminaient le couloir devant deux ou trois bureaux. Le bâtiment était silencieux et la majorité des salles, porte ouverte, étaient désertées. Par chance, le responsable en chef des espaces verts était toujours là.

Ithri et Céleste passèrent la tête par l'entrebâillure. Au milieu de la pièce se tenait un homme grand et mince, vêtu d'un costume sombre, les joues creuses et les yeux profondément enfoncés dans leurs orbites. Il ne manifesta aucune émotion devant l'intrusion des policiers.

— Vous savez que les locaux sont fermés au public, à cette heure-ci ? demanda-t-il calmement.

— Police, répondit Céleste en sortant sa carte. Nous avons quelques questions à vous poser à propos d'une friche sous la grue jaune de l'île de Nantes.

— Vous avez de la chance de me trouver, je suis en plein déménagement.

D'un geste large, il désigna des cartons entassés dans un coin du bureau, puis se présenta : Bertrand Morvan, directeur du service.

— Que voulez-vous savoir ?

— Ce qui se passe là-bas le samedi soir.

Bertrand Morvan saisit sur une étagère un gros classeur, qu'il ouvrit avec adresse. Puis il composa quatre chiffres sur le téléphone de son bureau.

— Est-ce que Laurent Guillaume est là ? J'aurais besoin qu'il vienne me voir… oui, maintenant, dit-il en consultant la montre qu'il portait au poignet.

Céleste le vit faire la grimace. Au bout de ce qui sembla à Céleste un long moment, il raccrocha le combiné en précisant :

— Laurent Guillaume est notre responsable de nuit de la sécurité urbaine. Il saura vous renseigner un peu plus précisément. Il est arrivé, il a badgé.

Un moment de silence pénible s'installa, le responsable des espaces verts donnant l'impression de vouloir discuter à une ou deux reprises, et renonçant avant d'avoir commencé. Céleste espéra *in petto* que celui de la brigade de nuit n'ait pas décidé de prendre un café hors de portée d'un téléphone.

Contrairement à ses craintes, Laurent Guillaume surgit dans le bureau.

— Nadine m'a dit que vous me cherchiez ? lança-t-il en guise de préambule à Bertrand Morvan. Vous avez de la chance, parce que je venais vous voir.

Le responsable de la sécurité semblait taillé dans un tronc de chêne. Du bois, il avait l'aspect rugueux, inégal, mais aussi solide, avec des cuisses comme des poutres et une carrure de bûcheron. Il dégageait une telle impression de force tranquille que l'atmosphère du bureau s'apaisa instantanément.

— Ces deux policiers veulent des précisions sur les activités du samedi soir sous la grue jaune.

Comme il hésitait sur les noms, Céleste et Ithri déclinèrent chacun leur identité. Laurent Guillaume tendit sa grosse paluche à Céleste, qui l'accepta et regarda avec amusement sa main se faire engloutir.

— Laurent Guillaume, m'dame. Qu'est-ce que vous voulez savoir exactement ?

Ithri présenta au responsable une photo d'Anne Arnotte. L'homme l'observa, l'air grave, puis la rendit à Céleste.

— Je peux pas affirmer que je l'ai vue là-bas. Y en a un paquet qui défilent, et pas des boudins, je peux vous le dire.

— Vous avez peut-être vu sa voiture ? Une Maserati Levante gris béton.

Ithri lui montra une photo sur son téléphone. Laurent Guillaume réfléchit quelques instants.

— La bagnole, elle me dit quelque chose. On n'en voit pas partout, des Maserati, dans cette ville.

— Vous y allez souvent ?

— Des fois qu'il y aurait du grabuge. Vous avez son numéro d'immatriculation ?

Comme par magie, Ithri le lui donna, du tac au tac. Guillaume sortit de sa poche arrière un petit bloc-notes, dont il étudia les pages avec lenteur. Il s'arrêta, posa son doigt et sourit. Un petit bout de langue apparut au coin de ses lèvres, qui disparut dès qu'il reprit la parole.

— Voilà, regardez, c'est la même immatriculation.

— Vous relevez les immatriculations ?

Le chef de la sécurité fixa Céleste, la mettant au défi d'y trouver quelque chose à redire. Ils se toisèrent quelques secondes, puis Céleste demanda :

— Et vous avez la date ?

— Oui, c'était le 4 mai. Y a pas très longtemps.

— Vous en êtes sûr ?

— Sûr de quoi ?

Les sourcils de Laurent Guillaume ne faisaient plus qu'un. Céleste s'empressa de faire machine arrière.

— Sûr de la date. Vous ne notez que les immatriculations nouvelles ou tout ce que vous voyez ?

Inutile de faire remarquer que ce genre de fichier était contraire à la loi – rien n'était enregistré nulle part et cela servait les intérêts de l'enquête.

Les sourcils de Laurent Guillaume se séparèrent pour retrouver leur position normale.

— Je note tout. Ça me prendrait trop de temps de vérifier si je l'ai déjà noté. Je peux voir pour les autres samedis, si vous voulez ?

— Si ça ne vous prend pas trop de temps, j'aimerais bien, répondit aimablement Céleste.

— Asseyez-vous, ordonna le policier municipal.

Céleste se tourna vers Ithri pour qu'il s'occupe de la prise de notes, mais ce dernier secoua négativement la tête avec beaucoup de discrétion. Céleste, surprise, obtempéra en silence. Posant une fesse sur le bureau d'un Bertrand Morvan goguenard, Laurent Guillaume feuilleta rapidement les pages de son calepin.

Depuis plus de trois mois qu'il avait ce carnet, il avait relevé l'immatriculation de la voiture d'Anne Arnotte tous les samedis soir, constata-t-il. Il proposa de faire des recherches dans ses carnets antérieurs, ce que Céleste accepta volontiers.

— Est-ce que vous pouvez nous envoyer vos résultats par e-mail ?

— Pas de ça, j'aime pas ça, grommela-t-il. Donnez-moi votre téléphone et je vous appelle, on prendra un café.

— Les immatriculations que vous relevez, ce sont celles des participants ? Ou bien est-ce que ça peut être juste des voyeurs ?

Guillaume montra sa page à Céleste. Certains numéros d'immatriculation étaient entourés deux par deux.

Tous les autres (une bonne vingtaine) étaient simplement griffonnés à la hâte.

— Les numéros entourés, c'est ceux des femmes. Y a qu'elles à être autorisées à rentrer dans le périmètre. Pas plus de deux à la fois.

— Comment vous savez que ce sont les leurs ? Vous les voyez descendre de voiture ?

— C'est comme qui dirait des places réservées.

— Et les autres, ce sont les hommes qui participent ?

— Je sais pas s'ils participent tous. Y en a pas un qui la garde dans son pantalon, en tout cas.

Le responsable de la brigade se frotta le front.

— J'ai besoin d'y aller, dit finalement Céleste.

Laurent Guillaume observa la policière d'un œil méfiant. La soupçonnait-il de vouloir se rincer l'œil (ou les oreilles) avec des descriptions salaces ? Céleste conserva son expression neutre, sans sourire, et soutint le regard de l'homme, qui demanda :

— Vos cicatrices, elles viennent d'où ?

Céleste réprima un soupir. Elle sentait que la sincérité de la réponse avait son importance pour le chef de la sécurité, qui y verrait une marque de bravoure.

— En service. J'ai aussi une plaque de titane dans la cuisse et sept broches dans le bras.

— Pourquoi vous voulez y aller ?

— Nous enquêtons sur des violences sexuelles. On pensait que la victime avait subi un viol, mais avec ce que vous venez de me raconter, je me demande si ça ne pourrait pas être la conséquence de ces pratiques… hors norme.

Laurent Guillaume hocha la tête avec gravité.

— Je vois, fit-il, un gros soupir lui soulevant la poitrine. Ces femmes, je sais pas ce qu'elles cherchent, vous savez. Je préfère en rigoler, mais j'emmène jamais de jeune collègue avec moi.

Enfonçant profondément ses pouces dans les passants de sa ceinture, bien campé sur ses jambes, il ne riait pas du tout.

— Les types, là-bas, y sont comme fous. On dirait une meute de lions devant une carcasse de gazelle. Au début, on arrivait en catimini pour les surprendre. Ils étaient tous tellement hypnotisés qu'on n'avait même pas de précautions à prendre pour leur tomber dessus. Mais quand on intervenait, c'est elles qui râlaient le plus fort.

Guillaume secoua la tête tristement.

— On est des adultes consentants, qu'elles disaient. On n'est pas sur le domaine public, vous pouvez rien faire, qu'y nous disent. Il doit y avoir des avocats dans le lot, parce qu'ils ont été bien briefés. On nous a dit de pas nous en occuper.

Ithri, sans un bruit, pianota du pouce sur l'écran de son téléphone.

Bertrand Morvan reprit la parole.

— Effectivement. Cette partie du quai n'est pas publique. Et comme elle est clôturée…

— Qu'est-ce que vous allez y faire, alors ? demanda Céleste à Guillaume. Vous rincer l'œil ?

Le policier ne moufta même pas sous l'affront.

— Il y a des hommes, ils sont pires que des bêtes. Et ils le savent tous, qu'on vient. Je crois que ça rassure de savoir qu'on n'est pas loin. Ça met des limites.

Il eut un sourire las.

— Si vous voyiez ça, vous vous diriez pas que je me rince l'œil. Ça me fait dégueuler, des trucs comme ça.

— Il va falloir qu'on y aille samedi, monsieur Guillaume. Je dois parler à ces gens.

— Vous avez des effectifs ?

— Je vais m'arranger.

12 h

Inès

Ce sera sans aucun doute une tâche amusante que de redécorer cette maison, pensa Inès en garant sa Mini devant l'entrée du garage d'Anne. Elle actionna la télécommande, et la porte coulissante s'ébranla. Inès s'apprêtait à entrer lorsqu'elle s'aperçut qu'il y avait déjà une voiture. Qu'à cela ne tienne, la sienne était suffisamment petite pour se faufiler à gauche du cabriolet couleur beurre frais, qui paraissait ancien.

La porte se referma et une obscurité de four s'abattit dans le garage. Snow poussa un miaulement déchirant.

— Quelle sorte de chat es-tu pour ne pas supporter le noir ? maugréa Inès en attrapant la caisse de transport de l'animal.

Elle avait eu toutes les peines du monde à le faire entrer, au point qu'elle avait craint qu'il ne réveille Paul-Antoine. Mais celui-ci avait continué à dormir, si ce n'était du sommeil du juste, au moins d'un sommeil de plomb, et Inès s'était esquivée de la maison en toute discrétion après lui avoir – tout de même – laissé un Post-it disant qu'elle partait « prendre du recul ». La meilleure excuse pour ne pas avoir à se justifier.

Inès porta Snow jusque dans la maison et posa la cage par terre. Elle ne lui ouvrit pas tout de suite, préférant faire d'abord le tour du propriétaire.

Elle avait entendu Anne évoquer sa maisonnette au bord de l'eau, mais n'y était jamais venue, son amie préférant l'inviter dans la demeure bauloise familiale en été. La maisonnette en question avait été pour le père d'Anne un refuge. Inès s'attendait à trouver une cabane de pêcheur un peu rustique et masculine, décorée de bois sombre et de cuir marron. Elle n'y était pas. Si elle ne payait pas de mine vue de l'extérieur, la maison, à l'intérieur, n'était que verre, bois blanc sur les murs, meubles aux teintes naturelles et grandes fenêtres. Inès regarda autour d'elle, se demandant ce qu'elle pourrait bien avoir envie de changer. Elle se sentait propulsée dans les pages d'un exemplaire d'*Architectural Digest*. Tout était sobre, clair et simple.

Elle libéra le chat avant de se laisser tomber dans un des fauteuils. Posant ses talons sur la table basse, elle remarqua que, pour la première fois de sa vie, elle était chez elle, véritablement chez elle, dans un endroit où elle n'aurait de compte à rendre à personne. Quelle ironie ! Après avoir attendu le Prince charmant, l'avoir épousé, après qu'il lui eut réduit le cœur en miettes et qu'il fut revenu, c'est dans le silence et l'indépendance qu'elle trouvait une forme de paix.

Snow trotta dans la pièce et sans hésiter, d'un bond souple, sauta sur un des fauteuils, où il s'enroula sur lui-même en ronronnant.

Inès perdit la notion du temps tandis qu'elle contemplait le spectacle de la mer. Par la porte-fenêtre qu'elle avait entrouverte, on entendait le rugissement des vagues qui s'écrasaient dix mètres plus bas, et les mouettes qui criaient et riaient dans l'air fraîchissant.

Elle sentait petit à petit son esprit s'apaiser, comme la mer à marée descendante, la colère refluer, la quiétude la gagner.

Son estomac protesta bruyamment tandis qu'elle allait se servir un verre d'eau. Sans vraiment y croire, elle ouvrit réfrigérateur et placards, sans rien trouver d'autre qu'un peu de sel et de poivre. Si Anne mangeait ici, c'étaient des plats préparés par Nadia, songea-t-elle.

Elle devait dresser une liste de courses pour ne pas avoir à sortir aussi longtemps qu'elle le souhaiterait. Anne avait installé un bureau dans un coin, sans doute pour profiter de la vue, supposa Inès en s'y asseyant. Snow arriva en trottinant. Il était bientôt 15 heures, constata-t-elle en sursautant comme si elle s'éveillait d'un rêve. Sans réfléchir et parce qu'elle avait vu Anne le faire cent fois, elle saisit dans la corbeille une boulette de papier qu'elle envoya au chat. L'animal se précipita à sa suite, la boulette se dérobant sous ses pattes douces. A la recherche de papier pour écrire sa liste de courses, Inès sortit une pile de feuilles. Elle en prit une au hasard et, crayon à la main, se dirigea vers la cuisine. Le chat jouait toujours. Inès en profita pour s'éclipser dans le garage. Elle avait presque oublié le vieux cabriolet. Avec ses gros phares ronds et sa couleur, il lui faisait penser à un biscuit et n'aurait pas dépareillé dans un dessin animé pour enfants.

Prise d'une brusque impulsion, elle fit demi-tour. Après quelques minutes de fouille dans les tiroirs du bureau, elle mit la main sur un trousseau de clés qui pouvait convenir. Avec l'impression d'avoir dix ans et d'être le matin de Noël, Inès s'installa derrière le volant. Elle tourna la clé dans le démarreur. Le bruit la surprit. Qu'à cela ne tienne ! Elle embraya la marche arrière et sortit du garage.

La vitre baissée, les cheveux au vent, tout excitée de son audace, elle longea la corniche et fit le tour entier de la péninsule avant d'arriver à sa destination, le supermarché du Croisic. Un instant, elle envisagea de s'arrêter dîner sur le port, mais, songeant à sa petite maison aux fenêtres ouvertes sur la mer et au silence réconfortant qui y régnait, elle renonça.

Elle avait cru que Snow l'attendrait en miaulant pour avoir son dîner, mais le chat était toujours occupé à jouer lorsqu'elle revint, les bras chargés de courses.

La fin d'après-midi s'écoula lentement. Désœuvrée, Inès jeta un coup d'œil aux papiers qu'elle avait sortis un peu plus tôt et qui traînaient sur le bureau. Des factures, qu'elle tria machinalement par fournisseur pour penser à les mettre à son nom. Jusqu'à ce qu'elle tombe sur la plus étrange qui soit. Une note au montant élevé indiquant un « forfait mensuel » et des « frais de déplacement Philadelphie » datée de la semaine précédente, libellée au nom d'Anne et – c'est ce qui retint l'attention d'Inès – à en-tête d'une société dénommée MJ Enquêteur privé.

Saisie de curiosité, Inès fouilla les tiroirs. Ce qu'elle n'aurait avoué pour rien au monde, c'est le lien que son esprit avait immédiatement créé entre l'en-tête

Enquêteur privé et la possibilité de tomber sur des rapports, des photos, des secrets…

Trois heures plus tard, elle avait la sensation d'avoir ouvert la porte sur un nouveau mensonge. Ou, au moins, un nouveau mystère.

Assise à même le sol, elle roula en arrière pour s'étirer et contempler le désordre. Anne aurait détesté ça, mais Anne ne verrait jamais la mise à sac de son espace.

Inès avait passé une heure à déménager la bibliothèque du rez-de-chaussée pour en extirper des cartons à archives. Désormais vides, ils s'entassaient en piles inégales et instables sur un coin de la table. Des tas informes parsemaient le parquet : relevés bancaires, factures de gaz, d'électricité, d'eau, et même facturettes de courses. Il semblait qu'Anne, non contente de tenir sa maison dans un ordre monacal, conservait chaque justificatif de dépense, qu'elle archivait soigneusement selon une organisation rigoureuse. C'était presque terrifiant. Contemplant tous ces tas, Inès se demanda si elle connaissait si bien que ça son amie.

Au fond du dernier carton, celui qu'elle avait déniché derrière les autres, elle avait mis la main sur de nombreuses factures de l'enquêteur privé. Ensemble, elles représentaient un montant considérable, même pour quelqu'un d'aussi fortuné.

Il restait encore une chemise cartonnée bourrée de papiers. Inès était épuisée.

Allez, après, c'est terminé, se dit-elle.

En fait, tout commençait.

18 h

Xavier

Son bureau rangé par la femme de ménage, passée en leur absence, Xavier s'installa sur son fauteuil pivotant. L'écran de son téléphone s'illumina. Une notification « Mes amis » : Jeanne vient de quitter le palais de justice. Quelques clics et il serait averti dès que Jeanne arriverait dans le périmètre de la maison. De toute façon, à cette heure-ci, elle n'en avait pas pour plus de vingt minutes.

Suffisamment pour se débarrasser de son rendez-vous téléphonique et jouer à l'amoureux contrit le reste de la soirée. Il s'était soigneusement lavé la bite en rentrant, afin d'être prêt pour leur réconciliation sur l'oreiller.

Le téléphone posé sur la table vibra.

— Bonjour, maître Guilbaud, Nathalie Tual, de *La Source de l'Ouest*.

La journaliste avait la voix chaude et caressante. Il avait pris un verre avec elle la veille ; le reste de sa personne était plutôt intéressant, aussi. S'il n'avait pas eu d'impératif, il l'aurait ramenée pour la sauter au bureau.

Elle lui parla de la « petite manifestation » devant le commissariat.

— Petite, petite, pour un rassemblement spontané, je parlerais plutôt d'un succès. Vous savez comment ces gens se sont rassemblés ? demanda-t-il d'une voix suave.

La journaliste avait interrogé quelques-uns des participants avant qu'ils ne soient dispersés par la police. C'était du bouche-à-oreille, avaient-ils dit.

— Vous voyez ! Ce n'est pas comme s'ils avaient organisé un apéro Facebook !

Inutile de lui avouer que Facebook avait bien aidé à la spontanéité de ce rassemblement, ça et une association de victimes de viol qu'il avait mise sur le coup, en toute discrétion.

— J'aimerais vous poser quelques questions pour l'édition de demain, si vous voulez bien, continua la journaliste.

Xavier Guilbaud laissa passer quelques secondes, faisant tourner son fauteuil de droite et de gauche. Il contempla le cuir verni de ses Berluti pour se forcer à attendre.

— Je suis d'accord, dit-il finalement, mais je vous rappelle que je refuse d'être nommément cité. C'est Anne qui doit être mise en avant, je ne suis qu'un modeste artisan dans la recherche de la vérité.

— Oui, bien sûr, c'est noté, maître.

La journaliste était trop contente d'avoir mis la main sur une source proche d'un appareil judiciaire qui répugnait à lui parler. Et les informations qu'il lui avait déjà transmises avaient assuré à cette jeune journaliste la transformation de son CDD en CDI. Un scoop de cette importance !

Xavier brossa la jambe de son pantalon. Impeccable. Il était rentré un peu plus tôt, pour organiser une mise en scène avant l'arrivée de Jeanne. Elle devait se sentir aimée. Il lui avait fait porter des fleurs dans l'après-midi afin qu'elle se prépare au déferlement d'amour qui allait l'engloutir. Les lèvres de Xavier s'étirèrent en un sourire. Il avait accompagné l'énorme bouquet d'une citation de Khalil Gibran : « Celui qui, par quelque alchimie, sait extraire de son cœur, pour les refondre ensemble, compassion, respect, besoin, patience, regret, surprise et pardon, crée cet atome qu'on appelle l'amour. »

Il savait Jeanne sensible à ces contritions. Comme chaque fois, il regrettait de s'être laissé emporter. Elle avait le don de savoir exactement quoi dire pour le faire sortir de ses gonds, comme si elle appuyait sur un interrupteur. Il essayait de ne jamais se fâcher, mais il n'avait pas pu résister. Elle l'avait poussé à bout, encore une fois. Encore une fois, il s'était demandé si cela valait la peine qu'il continue de partager sa vie, mais il l'aimait. Il l'aimait trop, d'un amour sincère et véritable. Toutes les femmes qu'il avait aimées avaient cette faculté. Sauf Anne, évidemment. Il n'avait jamais levé la main sur Anne. Elle voyait clair en lui, elle le comprenait, le connaissait et ne l'avait jamais poussé dans ses retranchements. Il avait longtemps cru qu'elle et lui… mais elle en avait décidé autrement.

Les doigts de Xavier Guilbaud se crispèrent sur les accoudoirs de son fauteuil et il cessa de se balancer. La journaliste venait de poser une question. Il la fit répéter, n'en croyant pas ses oreilles.

— Pourquoi pensez-vous que la police ait libéré le principal suspect ? Avec toutes les preuves qu'ils avaient contre lui ?

— Pardon ?

— Killian Troarec a été déféré au parquet, mais, au lieu d'être mis en examen et placé en détention préventive, il a été libéré sur réquisition du parquet.

— Pardon ?

— Oh ! Vous l'apprenez ?

Ce fut comme si le sang avait brutalement reflué de son corps, comme si l'intérieur de lui-même était devenu un désert blanc et glacé. Troarec ? Libéré ?

— Non, bien sûr, je suis simplement étonné que, vous, vous le sachiez aussi rapidement.

Toute son énergie était focalisée dans sa voix, pour lui assurer un ton, un rythme et un volume normaux.

— J'étais au palais pour une autre affaire Je les ai vus partir.

Pendant qu'ils parlaient, l'écran de son téléphone s'illumina pour le prévenir que Jeanne arrivait. Xavier ouvrit l'application. Le visage souriant de Jeanne apparut sur une carte.

— C'est forcément une erreur. Une manipulation. Ou alors… je n'ose l'imaginer… de la corruption ? Toutes les preuves sont contre cet homme, vous en conviendrez. On peut se poser la question. Est-ce qu'il aurait des appuis politiques ? On oublie Anne, encore une fois, on oublie la victime. Morte seule, dans le silence glacé de son appartement. Pour lui dérober son argent.

Il aurait pu être acteur. Il pourrait faire de la politique. Au fur et à mesure qu'il parlait, il se sentait reprendre le dessus, vibrer. Il ne devait rien lâcher. Cet homme devait être condamné. Il en allait de son avenir financier. Il suggéra l'organisation d'une marche blanche en mémoire d'Anne, joua sur le registre du sexisme de la police et de la justice. Il était bon – oh, Dieu, ce qu'il était bon ! Il l'imaginait, la journaliste, de l'autre côté du téléphone, elle devait en mouiller sa culotte de l'entendre parler avec autant de passion du sort des femmes.

Mais lorsqu'il raccrocha, les pensées qui affluèrent n'avaient rien à voir avec ses propos. Et Jeanne était garée à cent mètres de la maison.

— Qu'est-ce qu'elle a fait, cette conne ? hurla-t-il, toutes ses bonnes résolutions envolées.

18 h 30

Jeanne

Garée dans sa rue, Jeanne ne parvenait pas à ôter les mains du volant. Parce qu'une chose en entraînait une autre. Si elle les ôtait, elle devrait sortir de sa voiture. Rentrer chez elle. Parler à son mari. Sourire. Faire comme si de rien n'était. Pour ne pas être l'allumette qui tombe dans un baril d'essence. Pour que ça ne recommence pas. Pour que ça ne dégénère pas. Pourtant, ce qui retenait Jeanne, ce n'était pas la perspective de devoir, comme chaque jour, chaque heure, chaque minute qu'elle passait chez elle, faire semblant, laisser couler et faire face avec le sourire. Ce qui la retenait, c'était la possibilité que ça ne suffise pas. Que, malgré ça, courbant l'échine au point de ne pas se tenir plus droite qu'un torchon souillé jeté dans un coin, le baril d'essence prenne feu, une fois encore, et que ce soit la fois de trop.

Elle eut honte, brusquement. Honte de sa peur. Honte de ne pas se montrer à la hauteur. Ça allait tellement mieux pour Xavier, ces derniers temps. S'il n'obtenait pas la présidence, ça allait le détruire. Si elle partait, ça allait le détruire. Il n'était pas armé pour affronter de telles déceptions. Il avait fait tellement de chemin. Et, elle mise à part, il n'avait plus personne.

Xavier n'avait pas eu des parents attentifs et aimants ou des amis à l'école. Il n'avait pas non plus les codes de la société ni de la vie en couple. Au fond d'elle-même, Jeanne savait qu'elle devait lui laisser du temps, le temps de changer, le temps de comprendre qu'il ne pouvait pas tout lui dire et faire.

Elle ne devait pas se laisser aller à agir égoïstement, en faisant passer ses propres principes avant ceux de son mari. Si elle réussissait à s'améliorer, à être une meilleure épouse, à arrêter de le défier en permanence, il s'adoucirait. D'ailleurs, la sœur de Xavier lui avait dit, la dernière fois, qu'il allait tellement mieux depuis qu'ils étaient ensemble. Elle allait y arriver, à le soigner, à le guérir. Elle avait commencé. Elle ne pouvait pas abandonner en cours de route, ce serait de la lâcheté.

Bien sûr, il y avait cette étrange note qu'elle avait trouvée dans la corbeille à papiers du bureau. Le court document mentionnait le passé de Killian Troarec, tout ce que *La Source de l'Ouest* avait révélé sur le suspect initial, quelques précisions en plus. Mais ça ne prouvait rien. Il existait forcément une explication rationnelle. Xavier avait dû se renseigner sur lui quand Anne avait changé son testament, voilà tout. Et s'il avait informé les journaux, ce n'était pas pour lui nuire mais pour s'assurer que le meurtrier d'Anne serait châtié. Oui, c'était sûrement l'explication.

Jeanne prit une grande respiration. Elle y arriverait. Elle avait un mari que toutes les femmes lui enviaient, une belle maison, un 4 × 4 luxueux. Elle relâcha sa prise, caressant le cuir du volant de ses paumes presque ouvertes. A son poignet, sa Tank Anglaise étincela. Elle se concentra sur le bleu du cabochon pour ne pas voir l'hématome qui s'étalait plus haut, là où Xavier lui avait serré le bras si fort qu'elle avait cru qu'il allait se briser. Elle avait aux pieds des Louboutin parfaitement inconfortables, mais tellement sexy. Et son tailleur gris à fines rayures beiges était signé Christian Dior, comme son sac à main. Elle vivait à l'abri du besoin et c'était grâce à Xavier. Le sac, à lui seul, valait plus de deux mois de son salaire de substitute. Ou trois. Elle ne savait plus. Elle devait se concentrer sur les aspects positifs de son mariage au lieu de pleurnicher sur ce qui n'allait pas.

Malgré tout, elle agrippa un peu plus fort le volant. Sa jupe s'était retroussée et, au bord de l'ourlet, elle apercevait la tache bleutée qui, elle le savait, recouvrait la moitié de sa cuisse. Ça guérirait. Ça guérissait toujours.

Le téléphone creva le silence de l'habitacle. C'était lui. Il se demandait ce qu'elle faisait, évidemment.

Elle actionna du pouce le bouton pour décrocher. Son estomac se remplit d'acide.

— Alors ?

Le sang reflua lentement du visage de Jeanne, le laissant aussi rigide que du carton. Elle devait tenir bon. Elle ne devait pas laisser ses sentiments prendre le pas.

— Qu'est-ce que tu fais ? reprit-il.

Il avait la voix aussi tranchante que son coupe-papier.

— Ça fait au moins cinq minutes que tu es garée dans la rue. T'as raccompagné quelqu'un ? Je t'attends, je te signale. Si le dîner est brûlé, ce sera ta faute.

Jeanne se mordit les lèvres. Elle aurait dû penser qu'il préparerait le dîner à son intention. Il savait exactement combien de temps il lui fallait pour rentrer du tribunal. Elle avait manqué de considération. L'image de l'énorme bouquet de roses qu'il lui avait fait porter, et de la carte pleine d'amour qui l'accompagnait, lui monta aux yeux.

— Je… j'ai eu un petit vertige… Ça va mieux, maintenant…

— Un vertige ? Tu as bu ?

La voix de Xavier avait pris ce ton si particulier qui précédait l'explosion. Il était plus patient, normalement, après une crise. D'habitude, elle se trouvait en position de force, elle redevenait la reine, elle remontait sur le piédestal sur lequel il l'avait placée pour la séduire.

Elle n'avait pas besoin d'attendre pour voir l'expression de son visage, elle la connaissait parfaitement. Le timbre de sa voix disait : « Ma fille, je sais que tu me caches quelque chose, et tu sais que je ne supporte pas qu'on me manque de respect. » Les mains moites de Jeanne glissèrent sur le cuir chaud du volant. Elle sentit ses aisselles s'inonder de sueur et une odeur aigre lui monta au nez.

Sur une impulsion, elle démarra, embraya et déboîta. Elle avait l'esprit parfaitement vide. Elle ne devait pas penser. Elle fila en trombe devant sa maison et un Xavier ahuri qui la regarda passer, bras ballants. Elle déglutit péniblement. Sa bouche était sèche, il lui semblait qu'elle venait de manger des cendres.

20 h 30

Marie

— Ses seins ? Elle montre ses seins sur une photo ?

Céleste se renversa vers l'arrière, la tête dans ses paumes. Ce faisant, elle exposait sa propre poitrine, rappelant douloureusement à Marie la proximité physique que l'agression leur avait fait perdre. Il manquait un bouton à la chemise de Céleste, juste sous la poitrine, et Marie contempla la peau blanche pendant que sa femme se balançait sur sa chaise. Elle avait tellement envie d'y glisser la main que ça lui faisait presque mal. Pour se donner une contenance, elle retira l'élastique à cheveux enfilé sur son poignet et se fit une queue-de-cheval.

Elle regrettait leurs étreintes, bien sûr, mais elle regrettait surtout l'intimité créée par ces longues années passées ensemble. Comment convaincre Céleste qu'elle n'était, à ses yeux d'épouse et de médecin, ni salie ni souillée par l'expérience traversée ? Que ses cicatrices n'étaient que les traces de son histoire, de son vécu ? Qu'elles étaient là pour lui rappeler que ce qui ne tue pas, même si ça tue presque, rend plus fort, qu'elle était toujours vivante, toujours entière, toujours elle-même ?

Elle avait fait confiance aux psys, au début. Puis à sa femme. Ça n'avait manifestement pas fonctionné, car tout ce qui restait après le tsunami qu'avait été l'agression de Céleste et sa terrible riposte, c'était une grève désolée et vide, stérile.

Elle soupira.

— Il paraît que c'est un phénomène normal. Le sexting. Que la plupart des adolescents passent par là.

— Elle est identifiable ?

Marie secoua la tête.

— On ne voit pas son visage. Mais on voit sa tache de naissance, à côté du nombril.

— Quelle imbécile, commenta Céleste. Qu'est-ce qu'on fait ?

Marie fut plutôt surprise par la question. Compte tenu de leur conversation du lundi soir, elle aurait pensé que Céleste fuirait le front commun. « Arrête de penser à la place des autres », lui serinait sa chef de service quand elle n'était qu'une interne en traumatologie. Elle n'y arrivait pas.

Marie tira un tabouret de sous la table et s'assit à califourchon.

— Rien.

— Rien ?

— Je ne veux pas qu'elle s'imagine que je l'espionne. Je ne veux pas qu'elle s'imagine que je fouille dans sa vie privée.

— Elle a seize ans, railla Céleste.

— Elle a seize ans. Souviens-toi…

Céleste resta silencieuse, arqua les sourcils dans un geste éloquent. Elle faisait pire, à cet âge.

— Merci de m'avoir prévenue, dit-elle finalement.

Elle fit pivoter son fauteuil pour faire face à sa femme, dont elle prit les mains dans les siennes.

— Marie, je… commença-t-elle.

Marie sourit. Avec deux mots, Céleste avait posé le pied sur le pont qui les réunissait. Elle leva une main, posa un doigt sur ses lèvres, les caressa, glissa la main dans son cou.

— Tout va bien, dit-elle. On en discutera plus tard.

6

Vendredi 31 mai

4 h 15

Stéphane

Si on avait dit à Stéphane Berthier qu'il dormirait ce soir-là en prison pour avoir causé la mort d'un homme, il n'y aurait pas cru et ses voisins non plus.

C'était la fin d'une semaine comme une autre pour ce modeste employé des Biscuiteries Arnotte. Comme chaque matin, il enfourcha son vélo à 4 h 15 pour parcourir les dix kilomètres qui le séparaient de l'usine. L'air était doux, un peu frais. Pédaler était pour lui une forme de méditation. Seul sur son vélo, dans le silence nocturne percé uniquement de sons de la nature, il trouvait une forme d'apaisement qui l'empêchait de devenir fou.

La mort de sa fille avait conduit à l'éclatement de sa famille. Un membre en avait été arraché ; la famille avait perdu son équilibre et s'était écroulée. Savoir qu'elle avait été violée par un type qui l'avait ramassée dans un bar, ivre, et l'avait prise de toutes les façons possibles alors qu'elle était à peine consciente était le pire. Il n'avait cessé d'imaginer sa fille, privée de toute défense, utilisée comme un objet et laissée telle une chiffe sur le coin du trottoir. Sa douleur, sa peur, son sentiment d'impuissance, sa solitude.

Depuis sa naissance il avait été là pour elle, petite chose rose, fripée et vagissante. Le premier mot qu'elle avait prononcé était celui qui le définissait le mieux : Papa. Il était un Père avec un grand P.

Jusqu'à ce jour funeste où les gendarmes avaient sonné à sa porte avant même qu'il soit levé, pour lui annoncer une nouvelle qui signait, d'une certaine façon, la fin de son existence.

Que pouvait-il espérer, comme vie ? Sa femme ? Ça faisait longtemps que leurs chemins s'étaient séparés et qu'ils se contentaient de cohabiter. Ses collègues ? Il les voyait bien assez à l'usine. Le week-end, d'habitude, il jardinait ou alors il le passait avec Camille, quand elle venait leur rendre visite, ce qui arrivait assez souvent.

Elle était belle, Camille. Elle souriait tout le temps, et son visage était ouvert, franc, clair. Elle faisait des études à Angers pour être sage-femme. Il ne lui restait plus qu'un an avant son diplôme.

Avant qu'elle ne croise la route de ce monstre.

Elle s'était traînée jusqu'à sa voiture et elle avait pris la route de la maison de son père.

Sauf qu'elle avait rencontré un mur. Elle avait perdu le contrôle de sa petite Fiat, qui s'était encastrée dans un mur. Elle était morte sur le coup.

Personne pour l'accuser, ni témoin ni caméra de surveillance, le violeur s'en était sorti blanc comme neige, comme si la mort de Camille n'avait pas de cause, pas de sens. Le jour de l'enterrement, la foule était immense. Tous les collègues de Stéphane s'étaient déplacés. Mme Arnotte avait fait une donation au nom de Camille à une fondation qui aidait les femmes violées. Elle était restée pendant toute la messe, elle avait suivi le cortège, comme tout le monde, à pas lents, en retrait de la famille effondrée. Elle avait payé un détective privé et un avocat pour s'assurer que tout serait fait pour que les coupables soient punis. En pure perte.

Stéphane avait pensé au suicide des dizaines de fois, avant de renoncer. Il avait encore une fille, plus jeune de cinq ans. Il serait là pour elle, jusqu'à ce qu'elle s'installe dans la vie. Après ? Après, on verrait bien. C'était mieux de ne pas trop penser. Il fallait juste avancer.

La mort de sa patronne l'affectait terriblement, comme tout le monde à l'usine. On ne parlait plus que de ça depuis le début de la semaine, et les conjectures allaient bon train. Qui aurait pu lui vouloir du mal ? Une personne qui répandait le bien autour d'elle comme la bonne fée qu'elle était. Les informations de la veille avaient fait l'effet d'un coup de tonnerre, et une douloureuse sensation de déjà-vu avait pris Stéphane à la gorge.

Après la mort de Camille, il avait monté une association. D'autres parents l'avaient rejoint et, ensemble, ils avaient créé une page Facebook diffusant des appels à témoins, réconfortant d'autres proches endeuillés.

Un message sibyllin reçu la veille leur avait fourni l'identité du mystérieux bénéficiaire de l'héritage de Mme Arnotte, et son probable meurtrier, ainsi que son adresse. Stéphane avait rapidement contacté plusieurs pères de l'association et ils avaient décidé de donner une bonne leçon à ce violeur, mais, heureusement et grâce au travail de la police, cette ordure dormait derrière les barreaux.

Ce matin-là se déroula comme tous les autres. Stéphane pédala, passa le portique de l'usine, badgea une première fois après avoir attaché son vélo à son emplacement, puis il se dirigea vers les vestiaires. Sur la table de la salle de pause, comme chaque jour, l'édition du matin de *La Source* traînait, chiffonnée, et les gars de son équipe y jetaient un coup d'œil.

La gravité des visages le surprit. Il lança un « Salut, les gars », comme tous les jours, mais seules des mines sinistres lui répondirent. Il s'approcha pour voir ce qui les captivait. Son cœur s'arrêta à la lecture du titre. Une bile acide lui remonta dans la gorge au fur et à mesure qu'il lisait.

LE PRINCIPAL SUSPECT DE LA MORT
D'ANNE ARNOTTE
RELÂCHÉ PAR LA POLICE

Le procureur de la République de Nantes a bien confirmé qu'un suspect avait été placé en garde à vue par l'équipe du capitaine Ibarbengoetxea, de la police judiciaire nantaise.

Il a confirmé nos informations de la veille, à savoir que ce suspect a été condamné pour agression sexuelle, « il y a vingt-cinq ans ». Le procureur a cependant indiqué que ce suspect a été libéré hier, car il a fourni un alibi convaincant.

« Il est néanmoins placé sous contrôle judiciaire quotidien », a précisé le magistrat.

La mise en liberté de cet individu intervient alors que la rédaction de notre journal a appris, de source sûre, que les enquêteurs détiennent contre lui de nombreuses preuves de sa présence sur la scène de crime. M. Leclos de Verdier n'a pas souhaité s'exprimer sur ce sujet, indiquant que l'enquête suivait son cours.

Le procureur n'a pas souhaité non plus commenter notre information selon laquelle l'autopsie aurait conclu que Mme Arnotte aurait subi des violences sexuelles peu avant sa mort.

Sa gorge se serra, les muscles de ses bras se figèrent, du feu se répandit dans ses veines. C'est pas possible, pensa-t-il. C'est pas possible. C'est pas possible. C'est pas possible.

Cestpaspossiblecestpaspossiblecestpaspossiblecestpaspossible…

Respire.

Il fallait absolument faire quelque chose.

9 h 15

Céleste

Damien Urvoa attendait dans la salle de garde à vue, inconfortablement assis sur une chaise en métal soudée au sol. C'était un plutôt joli garçon, pensa Céleste en s'installant face à lui, avec un visage qui aurait pu être doux s'il ne s'était pas appliqué à se donner une apparence de bad boy.

Il se tenait aussi virilement qu'il le pouvait compte tenu des menottes qui bloquaient son bras gauche, et lui adressa un sourire narquois. Quémeneur l'avait prévenue qu'il était interrogé depuis le matin et qu'il n'avait rien dit.

« La faute à ces putain de réseaux sociaux qui leur apprennent à fermer leur gueule en garde à vue », avait-il ajouté d'un ton amer.

Céleste se présenta et demanda à un policier en tenue de lui ôter ses menottes. Damien Urvoa se frotta le poignet. Les coudes sur les genoux, le dos rond et les jambes largement écartées pour lui signifier sans doute qui était le patron, il répondit presque en crachant :

— Ouais, je t'ai vue l'autre jour. C'est toi, l'infirmière du groupe ? Tu les suces aussi quand ils ont bobo ?

Céleste ne répondit pas et se contenta de le dévisager. Il était retenu depuis plus de quarante-huit heures, sortant de cellule, y rentrant, interrogé par un méchant flic, un gentil flic, dans l'incertitude la plus totale concernant la suite. Sur autorisation du procureur, on avait même repoussé son droit à être assisté d'un avocat. Un médecin l'avait brièvement examiné, et on lui avait rapidement expliqué la raison pour laquelle il était là, sans plus de précision. Trafic de drogue, crime en bande organisée. Mais rien ni personne n'avait jusque-là réussi à le déstabiliser suffisamment pour qu'il dise autre chose que des banalités, des provocations ou le sacro-saint « Je n'ai rien à dire ».

Elle sourit.

— J'ai besoin de ton concours, Damien.

— J'ai rien à déclarer, j'l'ai déjà dit, grommela le garçon. Ils s'imaginent que je vais parler parce qu'ils m'envoient une meuf ? Les meufs, ça suce et ça ferme sa gueule.

— Faudrait choisir, c'est compliqué de faire les deux. Tu préfères qu'elles sucent ou qu'elles ferment leur gueule ?

— Ah, putain, un flic qui fait de l'esprit, c'est le pompon. Casse-toi, j'ai rien à dire.

Céleste laissa le silence retomber sans se départir de son sourire.

— Qui te les a faites, tes balafres, un mec que t'as mal sucé ?

Urvoa ricana. Un moyen de laisser retomber la pression. Et de la pression, il en subissait beaucoup en ce moment. Il n'ignorait pas ce qu'il risquait. Pour son implication dans le trafic de cocaïne, pour la mort de la jeune femme violée et brûlée vive.

— Un mec comme toi, laissa-t-elle tomber.

— Il t'a pas ratée, dis donc. Tu dois être un super mauvais coup. Quand je sortirai, j'irai lui payer une bière.

— Il est mort. Je l'ai tué. A mains nues.

Sans cesser de sourire, elle agita ses mains comme des marionnettes.

Surpris, Urvoa perdit de sa superbe. Ce n'était pas ce qu'il attendait. Puis il reprit son masque, ricana un peu, mais sans conviction.

— Je te crois pas, les flics peuvent pas faire ça.

— Je viens juste d'avoir un non-lieu. Légitime défense. Tu veux voir l'ordonnance ?

Sans attendre, elle lui fourra la photo d'Hortense sous le nez et enchaîna :

— Dis-moi, ta copine Hortense, elle est aussi bonne qu'elle en a l'air ? Tu crois qu'elle lèche bien ? Je l'ai rencontrée il y a deux jours. Sacré canon !

On ne sait jamais où est le talon d'Achille de son suspect. Parfois c'est sa mère, sa sœur ou sa copine. Ou son chien. Ou lui-même. D'habitude ils sont rodés, mais ça ne coûte jamais d'essayer. Pris à contre-pied, Damien battit des paupières, pas très sûr de ce qu'il avait entendu.

— Moi, je trouve qu'elle a l'air bonne. J'ai entendu qu'elle t'avait lourdé pour un mec plein aux as, tu dois avoir les boules, non ? A mon avis, tu faisais pas le poids. T'as pas une tête à avoir une grosse bite ou à savoir comment t'y prendre pour garder une fille. Si tu veux, je peux te montrer. Enfin, là, pour ta rousse, c'est mort. Je lui ai parlé, elle est grave mordue. Et tu sais pas le pire ? Son mec, il s'en tape plein des comme ça. Ils font des partouzes. Il l'emmène se faire mettre par plusieurs mecs à la fois. Ça te fait pas triquer, ça ?

Le sourire d'Urvoa était aussi rigide qu'une plaque de plexiglas. Son attitude ne varia pas d'un millimètre. Mais la lueur douloureuse qui traversa son regard était éloquente. Eloquent aussi, son acharnement à éviter la photo d'Hortense. Céleste l'agita sous ses yeux.

— Je viens de l'entendre en audition, elle m'a dit qu'elle a passé toute la nuit là-bas à se faire prendre devant tout le monde. Elle sait même pas combien de mecs lui sont passés dessus. Et je compte pas ceux qui matent. Toi aussi t'aimes ça, les partouzes, Urvoa ? T'aimes partager ta meuf ? Remarque, je dis ta meuf, mais peut-être que tu l'as jamais sautée. C'est ça ? T'aurais bien voulu, mais elle, elle veut pas de toi ?

Contre toute attente, des larmes montaient aux yeux d'Urvoa.

— T'aurais bien aimé, t'aurais bien aimé qu'elle te suce la queue, toi aussi ? Elle veut bien tout le monde, mais pas toi, je me trompe ? Alors tu t'es défoulé sur sa copine. Elle au moins, t'as pu la pilonner avant de la filer à tous tes copains. C'était pour punir Hortense ?

— N'importe quoi, répondit Urvoa d'une voix éraillée, ça avait rien à voir avec Hortense. C'était pour la punir, cette salope, quand on me baise, faut pas attendre que je baise pas en retour. Hortense, elle ferait jamais ça. C'est une reine.

Céleste n'en crut pas ses oreilles. Donnez-moi un levier et je soulèverai le monde, professait la sagesse populaire. Le plus difficile étant, la plupart du temps, de mettre la main sur ce putain de levier. Mais il semblait que Céleste ait déniché celui qui menait aux aveux d'Urvoa.

Même si rien de tout ça ne lui disait comment Hortense et Damien se connaissaient.

En sortant de la salle d'interrogatoire, Céleste se trouva face à Pierre Quémeneur, qui applaudissait lentement, un sourire aux lèvres. Clap Clap. Eprouvée par l'entretien, elle lui adressa un geste las.

Une fois lancé, Urvoa ne s'était plus arrêté. Il avait raconté comment la leçon qu'il voulait donner à Stéphanie Halgrand lui avait échappé, que le viol était devenu collectif puis avait dégénéré et que, « pris par l'ambiance », il avait décidé avec ses potes de « punir cette chienne ». Misère intellectuelle, sociale, médiocrité, Céleste n'avait pas de mots pour qualifier ce qu'elle venait d'entendre.

Pourquoi avaient-ils voulu donner cette leçon ? Urvoa avait éludé toutes les questions, restant vague, parlant d'une embrouille, jusqu'à ce que, mue par l'intuition – ou le désespoir, allez savoir –, Céleste réutilise son joker. Elle s'était souvenue qu'Hortense et Stéphanie avaient travaillé chez le même employeur. Céleste avait donc abattu sa dernière carte : l'implication de la rousse incendiaire dans le dossier, son incarcération probable, ce qui allait lui arriver en prison. Elle avait décidé de bluffer et de voir ce qui allait se passer.

Urvoa avait réagi violemment, défendu Hortense, dit qu'elle n'avait pas pris part au barbecue et qu'elle n'était pas d'accord pour la punition. Ah oui ? Pas d'accord ? Non, elle pensait qu'il suffisait de lui faire peur.

Après ça, il s'agissait de tirer le fil. Un trafic de cocaïne utilisant les camions de la biscuiterie, avec la complicité de Stéphanie, qui rêvait d'ouvrir une chambre d'hôtes dans le Var et avait fermé les yeux sur les papiers d'identité trafiqués d'Urvoa, embauché comme manutentionnaire. Stéphanie, qui avait cru pouvoir faire chanter Urvoa, sans savoir qu'Hortense trempait dans la combine et remarquait tout. Elle s'était adressée à Mme Arnotte pour le faire virer lorsque son petit chantage n'avait pas marché.

« Cette pute ! avait craché Urvoa. On avait un petit bizness qui tournait super, et cette pute est allée baver sur moi à Arnotte.

— Elle a tout raconté ? »

Urvoa avait toisé Céleste comme si elle était encore plus demeurée que lui.

« Tu crois qu'on serait là, si elle avait tout déblatéré ? Non, elle est juste allée lui dire que mes papiers étaient des faux.

— Comment tu sais que c'est elle ? »

Urvoa avait hésité. Le tatouage sur son front avait frémi.

« C'est la patronne qui me l'a dit.

— Elle t'a dit que tu avais été balancé par Stéphanie Halgrand ? Tu me prends pour une conne ? Que s'est-il passé avec Mme Arnotte ? »

La petite frappe avait hésité une seconde de trop.

« Elle est venue me dire de partir sans faire d'histoires. Elle m'a donné du fric.

— Et elle savait, pour ton trafic avec Hortense ? »

Nouvelle hésitation.

« Nan.

— Alors pourquoi est-ce qu'Hortense n'a pas été reprise, à la fin de son CDD ?

— Je sais pas. C'est peut-être juste des gros cons.

— Ça a continué, ton trafic, après ton départ ? »

Urvoa avait menti :

« Non, on a arrêté quand je suis parti, y avait plus personne pour faire le job. »

Ainsi, songea Céleste, Anne Arnotte savait et n'avait pas réagi. Qu'elle ne parle pas à ce moment-là, soit. Elle avait peut-être eu pitié du garçon. Mais après le barbecue ? Comment n'avait-elle pas fait le lien entre le meurtre de son employée et le manutentionnaire qui s'était fait embaucher avec des faux papiers parce qu'il avait un casier long comme le bras ?

Elle consulta ses notes. La fille avait été brûlée le 15 décembre, dix jours après le « départ volontaire » d'Urvoa. Le CDD d'Hortense avait été « non renouvelé » avant que la victime soit identifiée. Que savait la direction pour Hortense ?

— Vous croyez qu'il a un lien avec Anne Arnotte ? demanda Ithri, qui s'était approché.

— Je n'en sais rien.

— On va pouvoir le déférer, avec tout ça. On va aussi mettre la main sur ses copains. Il y en a bien un qui va cracher le morceau.

Quémeneur abattit son énorme paluche sur l'épaule de Céleste, qui tressaillit.

— Oh, désolé, fit-il avec une grimace.

— C'est quand même dingue, cette histoire de trafic. Il faut organiser une descente à la biscuiterie. Impossible que personne n'ait rien vu.

— Mais quel lien entre un trafic de drogue, une correction qui dégénère en meurtre et l'assassinat d'Anne Arnotte ? Qu'est-ce qu'ils auraient eu à y gagner, Urvoa et même Hortense ?

— Par ricochet... hasarda Ithri, peut-être qu'Hortense pensait bénéficier du testament.

— Je ne marche pas, enchaîna Quémeneur. Il aurait fallu qu'elle connaisse l'existence du testament, qu'elle monte un pipeau pour faire accuser son copain... et rien ne nous dit qu'elle aurait été sa légataire. Non, franchement, ça, je n'y crois pas.

— Je ne crois pas non plus qu'Urvoa soit assez futé pour déjouer la sécurité de l'immeuble d'Anne Arnotte, reconnut Ithri, beau joueur.

— Bon travail, en tout cas, Ibar, ajouta Quémeneur. Il ne nous reste plus qu'à identifier l'acheteur d'Urvoa, et avec l'exploitation des portables, j'ai bon espoir que ça ne traîne pas.

Le téléphone du commissaire vibra dans sa poche et il recula de quelques pas pour y répondre.

Céleste se dit qu'elle allait peut-être finir par bien l'aimer, Quémeneur.

Le surcroît d'énergie que la confession d'Urvoa lui avait donné commençait à faiblir. Bientôt, la fatigue accumulée lui tomberait sur la tête. Elle répondit à Ithri en suivant du regard le vieux commissaire qui s'éloignait.

— Urvoa n'est peut-être pas compétent, mais un expert en système de sécurité, ça se trouve, c'est comme les kalachs en banlieue. Par contre, empoisonner la bourgeoise, ce n'est ni leur genre, ni leurs codes. Trop compliqué, trop subtil.

— Alors, quel lien ?

Céleste écarta les mains en signe d'ignorance.

— Je ne veux pas vous commander, dit brusquement Ithri, mais… vous avez vu l'heure ? Vous avez rendez-vous au CHU.

Cavaler, il n'y avait rien d'autre à faire.

Céleste dévala l'escalier, fonça jusqu'à sa voiture, posa le gyrophare plus brutalement qu'elle n'aurait dû et démarra en trombe. Elle n'aimait pas vraiment ça, rouler à tombeau ouvert en ville, sirène hurlante, mais elle détestait encore plus l'absence de ponctualité. La voiture répondait magnifiquement bien, dérapait avec maîtrise dans les ronds-points ; son instructeur de Pantin aurait été fier.

Profitant des privilèges de sa fonction, elle la laissa garée aussi près que possible de l'entrée de l'hôpital et courut à perdre haleine dans les couloirs, sa cuisse la brûlant terriblement. « Pas de sprint pendant au moins un an », avait dit le médecin qui lui avait reconstruit le muscle.

Elle arriva hors d'haleine dans le département médico-légal et dérapa sur le carrelage beige. Elle se rattrapa in extremis au montant de la porte, se redressa et respira à fond.

— C'est vous, l'éléphant qui fait ce vacarme ?

La voix de Sara Belome avait jailli d'une salle derrière elle.

Céleste vit volte-face. La légiste ne s'était pas donné la peine de venir l'accueillir. Forcément. A côté d'elle se tenait Marie. Qu'est-ce qu'elle faisait ici ?

Reprenant son souffle, Céleste leva la main en signe de salutation. Un corps se trouvait sur la table d'autopsie, recouvert d'un drap blanc.

— Je ne vous présente pas, dit Sara Belome d'un ton aigre.

Marie adressa un regard malicieux à Céleste.

— Qu'est-ce que… qu'est-ce que tu fais là ? demanda cette dernière. Bonjour, au fait.

Elle parcourut les quelques pas qui les séparaient et toucha le bras de sa femme. Résistant à l'envie de plonger son visage dans la chevelure luxuriante, elle recula et s'inclina brièvement devant la docteure Belome. Elle éprouvait des sentiments mélangés à voir Marie faire irruption dans son travail, l'impression d'évoluer dans un monde parallèle, peut-être, comme lorsqu'on rêve tout en étant conscient que les choses ne sont pas comme elles devraient l'être.

Marie sourit à Céleste et expliqua simplement :

— Je me suis souvenue que tu avais rendez-vous. Ça m'intrigue, cette histoire de tatouage secret. Et puis j'adore les énigmes.

Première nouvelle. L'idée que Marie essayait de la prendre en défaut traversa l'esprit de Céleste. Elle s'en voulut aussitôt : Marie était aussi incapable de masquer ses sentiments qu'elle de cuisiner une piccata de veau. Ou d'agneau. Peu importe. Sara Belome la fusillait du regard.

— Désolée, docteure, on a eu un développement… plutôt inattendu ce matin.

Sara Belome se tourna vers Marie sans quitter Céleste des yeux.

— Tu prends la lampe, s'il te plaît, ma chère ?

Sa voix avait la douceur du velours. Ou plutôt celle d'une patte de chat. Marie pivota sur ses talons et saisit sur une paillasse un objet noir et rectangulaire.

— Lumière noire. J'ai mis trois jours à l'obtenir. A croire que c'est aussi rare qu'une infirmière. C'est bien ce qu'elle vous a recommandé, votre tatoueuse ?

La légiste avait dit « tatoueuse » comme elle aurait dit « pouffiasse ». Une nouvelle fois, Céleste fut frappée par l'animosité de la légiste. Elle lui répondit le plus gracieusement possible.

— Oui, l'artiste qui aurait réalisé ces tatouages était féru d'ésotérisme et il a été un des premiers à utiliser les encres UV.

— Je n'ai jamais entendu parler de ça, grommela Sara Belome.

— C'était interdit en France jusqu'à il y a quelques années. C'est le principe du tatouage, mais l'encre utilisée réagit aux UV. Elle peut être soit invisible à la lumière normale, soit colorée.

Sara Belome hocha la tête en silence, puis retira le drap d'un coup sec. Anne Arnotte leur apparut, découpée et recousue, encore un peu moins humaine que lors de l'autopsie. Sa peau avait jauni, elle ressemblait maintenant à un mannequin de cire en partie colorié.

— Allume la lampe, Marie, s'il te plaît, demanda la légiste.

Et à Céleste :

— Allez m'éteindre le plafonnier, voulez-vous ?

Elle attendit que Céleste les rejoigne près de la table d'autopsie pour éteindre la grosse lampe qui déversait sa lumière crue sur le corps d'Anne Arnotte. La pièce se trouva plongée dans le noir. Céleste ouvrit la bouche pour respirer, en faisant le moins de bruit possible. Elle tenta de se raisonner : elle se trouvait dans une salle d'autopsie avec un corps, sa femme et un médecin. Elle n'était pas en danger. Aucune menace ne planait dans cette pièce. Elle y était comme dans un écrin, comme dans un cocon.

La transpiration se mit à couler le long de sa colonne vertébrale, sous ses bras. Sa nuque se raidit, ses sens s'aiguisèrent, à l'affût du moindre bruit, du moindre geste suspect.

Elle faillit bondir au plafond lorsque Sara Belome dit :

— Bien, maintenant que nos yeux sont habitués à l'obscurité, nous allons passer la lampe sur les tatouages. J'espère qu'il n'est pas dans le dos, votre message secret, parce qu'un cadavre, ça pèse le poids d'un âne mort.

Céleste aurait dû lui répondre que de toute façon, comme elle le savait pertinemment, qu'elles trouvent un message secret ou non, elles passeraient le dos d'Anne Arnotte à la lumière noire, mais elle était trop occupée à reprendre le contrôle d'elle-même. Enfermée dans cette pièce aveugle au fin fond de l'hôpital, dans des odeurs de mort, de formol, de poussière, de renfermé, elle n'avait qu'un objectif : respirer. Inspirer. Expirer. Ne pas penser.

Marie avança la lampe à UV au-dessus du cadavre. Comme par magie, des lignes fluorescentes s'éclairèrent. Sur le décolleté, entre les deux seins, trois triskèles superposés, telles des jambes pliées jointes par le haut de la cuisse, très stylisés. Le tatouage était déformé par l'incision de l'autopsie, mais très net.

— Qu'est-ce que c'est que ça ? murmura Sara Belome. Un symbole nazi ?

— J'en ai vu des tas en Bretagne, protesta Marie. Mais les pointes sont rondes au lieu d'être pointues.

— Ça a été utilisé par les nazis, répondit Céleste. Et c'est un symbole breton, aussi.

Oppressée par les ténèbres, elle parlait comme si elle n'avait pas encore récupéré de son sprint. Elle aurait voulu rallumer, quitter cette pièce.

— C'est un symbole solaire. Peut-être. Lever, zénith, coucher. Ou alors les trois éléments, terre, eau, feu. Ou encore les trois âges de la vie : jeunesse, âge mûr et vieillesse. Ou bien la Sainte Trinité. Bref, on n'en sait rien. On continue ?

La main fraîche de Marie se posa sur le bras de Céleste. Elle ne dit rien et pourtant, avec ce simple geste, elle disait tout. Je suis là. Tout va bien.

Anne Arnotte n'avait pas d'autre tatouage UV. Ni sur les membres ni dans le dos.

— Merci quand même, fit la légiste lorsque les lumières furent rallumées. J'ai appris quelque chose. Je vais être attentive, maintenant. C'est très répandu, votre truc ?

Céleste fit signe que non.

— Je n'en avais jamais entendu parler jusqu'à cette affaire. Maksen a fait des recherches et c'est assez controversé. On parle de substances cancérogènes ou de produits moins bien tolérés.

— Les gens sont capables de s'injecter n'importe quoi, de nos jours. A croire qu'on vit trop vieux, il faut se donner l'impression de flirter avec la mort, bougonna Sara Belome.

Céleste prit congé et toucha l'épaule de Marie dans un geste familier. Elle se sentait soulagée que les choses soient revenues à la normale, soulagée de se sentir de nouveau proche de sa femme, de croiser son regard posé sur elle.

Elle quitta l'institut médico-légal plus lentement qu'elle n'y était arrivée, avec plus de questions. Et aussi l'impression obsédante d'avoir vu ce symbole quelque part, peu de temps auparavant. Mais où ?

A peine sortie du bâtiment, elle envoya par SMS la photo du tatouage secret d'Anne Arnotte à Ithri.

Est-ce que tu te souviens de l'avoir vu récemment ?

La réponse d'Ithri lui parvint avant même qu'elle ne fasse démarrer sa voiture :

Killian Troarec. Face interne du bras.

L'enquête accélérait. Elle répondit donc dans la foulée :

On file le voir, je passe te chercher.

10 h

Inès

Lire, relire et comprendre ce que cela impliquait l'avait occupée la moitié de la nuit, assise à même le sol, incrédule, et se sentant sale, salie, comme si on lui avait tapissé l'intérieur du corps de boue puante. Après avoir peu dormi d'un sommeil entrecoupé de cauchemars, Inès se redressa lentement, la bouche pâteuse, comme si elle avait passé sa nuit à avaler les débris minuscules de ce qui constituait jusqu'ici son existence.

On peut toujours ignorer, mais on ne peut pas désavoir. Le torrent de son ignorance l'avait frappée de plein fouet et elle en avait encore des bleus partout.

Elle se traîna jusqu'à la salle de bains et se regarda dans le miroir. Son maquillage s'était étalé, lui faisant des yeux de panda. Sa peau était fripée et terne, ses cheveux en bataille. Avec des gestes las, elle se déshabilla et laissa ses vêtements à ses pieds en un tas qu'elle enjamba pour se rendre sous la douche. Le jet glacé la fit sursauter.

Bien sûr, tout faisait sens, maintenant. Le rapport qui la mentionnait, Inès l'avait lu trois fois. Comment avaient-ils fait pour obtenir des informations aussi précises ? Tout y était. Ses parents alcooliques, ses placements en foyer en urgence, dénutrie et couverte d'escarres, les terrifiants retours à la maison, et même la rencontre avec cette prof qui lui avait sauvé la vie en lui ouvrant la porte de la musique et des bourses d'Etat. Elle avait regardé les photos d'elle à cinq, sept et douze ans, des photos d'école qui montraient ses vêtements trop petits ou trop grands, ceux qu'on lui trouvait, jamais adaptés, sujets inépuisables de moquerie. Elle avait mordu son poing pour ne pas pleurer, presque étonnée que ce rappel de son passé lui torde encore le ventre, presque étonnée de ressentir, de nouveau, la peine, l'humiliation, la colère et ce désespoir si intense. A ce moment-là, elle avait détesté Anne de l'avoir contrainte à se rappeler ce passé qu'elle avait mis tant de soin à ensevelir, étouffer, oublier. Elle l'avait détestée d'avoir appris et de ne rien avoir dit.

Il y avait eu ses parents, qui lui préféraient leur bibine, il y avait eu Paul-Antoine, à qui elle n'avait accordé sa confiance qu'au prix d'une cour acharnée et de preuves d'amour des plus insensées, il y avait eu Anne, enfin, l'amie, la sœur qu'elle n'avait jamais eue, qui la soutenait, l'encourageait, et tout ça pour quoi ? Pour que Paul-Antoine cède au premier joli cul venu et qu'Anne les fasse espionner dans son dos pour détruire son mariage en révélant l'infidélité. Comme si elle ne savait pas qu'Inès ne redoutait rien de plus que ça, ce qu'Anne lui avait finalement apporté : le rejet, l'abandon, la trahison.

Elle s'était endormie dans ses larmes, épuisée par ses émotions et par les traîtrises.

Le soleil avait beau briller, il lui semblait voilé d'un filtre terne et sombre. Elle revint s'examiner dans le miroir. Elle avait l'air un peu mieux. Elle se sentait pire.

« Fais semblant jusqu'à ce que tu y arrives », disait Anne à ses débuts au Foyer, quand, terrorisée par les SDF, Inès lui répétait qu'elle ne parvenait pas à se sentir en connexion avec ces gens. Elle n'en disait rien, mais ils la renvoyaient tellement à son enfance, ses parents, l'avenir qui aurait pu être le sien.

Elle ouvrit sa trousse de maquillage et apporta un peu de lumière, même si elle était factice, sur ses joues et dans ses yeux. Avancer. Elle devait continuer, elle allait trouver là, dehors, quelque part, une raison de ne pas se laisser noyer par des émotions remontées des égouts de sa vie.

Elle ne voulait pas croire que tous ces moments partagés avec Anne aient été des mensonges, des scènes organisées par un esprit malade. Cette dernière était donc fouineuse et curieuse à un point pathologique. Mais Inès ne pouvait pas la réduire à ses défauts, si grands fussent-ils.

L'odeur du café l'apaisa.

Inès considéra pensivement ses options tout en croquant dans une tartine. Elle ne voulait pas penser à Paul-Antoine, après les quinze pages et trente-six photos d'humiliation qu'elle avait contemplées la veille. Elle feuilleta distraitement son agenda et s'arrêta sur les deux noms que lui avait donnés Paul-Antoine.

Pourquoi ne pas imiter Anne ? Creuser le passé ? Quelle meilleure façon pour chasser le fantôme de son amie défunte ?

Elle récupéra son téléphone sous les tonnes de papiers étalés par terre. Le plancher, sous les paumes de ses mains, était frais et réel. Elle sentait les irrégularités du bois vieilli qui lui donnaient sa beauté. Après avoir passé ces coups de fil, se promit-elle avec un soupir, elle ferait un tas de tous ces rapports et elle les brûlerait.

— Je n'ai pas entendu le son de sa voix depuis vingt-neuf ans, vous savez ? Nous ne nous sommes jamais revues, nous n'avons rien échangé depuis toutes ces années.

Inès eut un sourire encourageant. Lever la tête pour regarder Caroline Mignon juchée sur son cheval lui faisait mal au cou.

Contrairement à l'ancienne gouvernante des Arnotte, qu'Inès n'avait pas réussi à localiser, Caroline Mignon avait été particulièrement facile à retrouver, grâce à sa passion du cheval, dont elle avait fait un métier. En revanche, la décider à parler n'avait pas été une mince affaire et Inès avait dû invoquer Paul-Antoine pour parvenir à ses fins.

— Je voudrais tellement la comprendre, madame Mignon ! Anne disait qu'elle n'avait pas toujours eu la vie facile lorsqu'elle était adolescente. C'est vrai ?

Caroline Mignon avait le même âge qu'Anne mais paraissait plus vieille, le visage tanné par le soleil et creusé de profondes rides d'expression. La vie au grand air avait parfois cet effet-là, de faire vieillir l'écorce plus vite, même si elle ralentissait le temps à l'intérieur. Caroline leva son visage vers le ciel et émit un éclat de rire rauque. Surpris, son cheval fit un pas de côté. La femme se pencha en avant pour lui caresser l'encolure en signe d'apaisement.

— On ne peut pas vraiment parler non plus de vie difficile. Paul-Antoine ne vous en a pas parlé ?

— Ses souvenirs sont assez nébuleux, en fait.

Inès l'avait patiemment attendue, assise sur un banc devant les écuries, le dos droit et les mains à plat sur ses cuisses, comme si baigner dans des odeurs de sueur et de crottin lui était parfaitement naturel.

La cavalière passa une jambe par-dessus l'encolure et se laissa souplement glisser au bas de sa monture. Sa main s'attarda sur le flanc de l'animal. Le soleil traçait des reflets acajou sur la robe alezane, en complète harmonie avec les cheveux indisciplinés de Caroline. Le regard d'Inès balaya le cheval. Pas de mors, pas d'étriers, pas de selle et un simple licol. Caroline surprit son regard.

— Elle a quinze ans. Je l'ai vue naître, on pourrait dire qu'on a grandi ensemble…

Tout en parlant, Caroline dirigea le cheval dans la cour et l'attacha à un anneau fixé dans le mur. La jument courba la tête, attrapant les brins d'herbe qui poussaient à ses pieds avant de les mâcher longuement. Sa cavalière avait attrapé un tuyau d'arrosage et s'employait maintenant à la doucher.

— Avec Anne aussi, on a grandi ensemble. Nos mères étaient amies, nos pères faisaient du golf ensemble, on allait dans la même école, on passait nos vacances au même endroit. Ses parents et les miens avaient chacun une maison à La Baule – comme ceux de Paul-Antoine –, on passait nos deux mois d'été sur la plage, à manger des niniches de chez Manuel, à collectionner les pommes de pin et à faire des pâtés de sable. L'hiver, on allait en Suisse, dans leur grand chalet de Verbier. Puis on a grandi… On a commencé à ne plus avoir les mêmes centres d'intérêt. Paul-Antoine faisait de la voile, moi du cheval. Jusqu'à ce qu'on ne se parle plus du tout.

Un gros soupir. Du bout du pied, elle éjecta un caillou imaginaire. Le tuyau arrosait le sol, mais le cheval ne semblait pas s'en émouvoir. Le silence s'attarda entre les deux femmes, pesant comme il peut l'être lorsque les non-dits abondent.

— Pourquoi voulez-vous parler de tout ça ? Elle est morte ! A quoi cela va-t-il vous servir ? Ne pouvez-vous pas juste garder les souvenirs que vous avez d'elle ?

Et, secouant la tête :

— Je ne peux imaginer qu'elle ait été assassinée… Quelle vie, mon Dieu !

Inès s'adossa au mur de pierre qui délimitait la cour en observant son interlocutrice. C'était en apparence une grande femme simple, sans maquillage, sans artifice. Caroline reprit :

— Nous sommes officiellement restées meilleures amies jusqu'à ce qu'elle quitte l'école inexplicablement. Un vendredi, elle était là, et elle n'est pas revenue le lundi suivant. Ni les jours suivants. Ni jamais. Ensuite, c'était la fin de l'année, les grandes vacances. Elle n'est pas venue à La Baule, et nous ne sommes plus jamais allés à Verbier. Mes parents et les siens ont continué à se fréquenter, pour des dîners en ville. Ils m'ont dit qu'Anne suivait ses études en Suisse, qu'elle avait beaucoup de travail. Je n'ai pas eu d'explication. Un peu comme vous, vous voyez. *Never explain, never complain*, ajouta-t-elle d'un ton amer.

Caroline avait fini de doucher son cheval et le dirigea vers le pré.

— Que voulez-vous savoir, exactement ?

— Vous avez essayé de l'appeler ?

— Tout a pris fin. Oui, j'ai essayé d'appeler, mais je tombais sur le répondeur.

Elle ajouta, avec un sourire en coin :

— Ce n'était pas comme maintenant, avec les portables, vous savez.

— Et vous n'avez rien vu venir ?

Caroline regardait le chemin, droit devant elle, les épaules affaissées. Elle hésita quelques secondes, leva les yeux vers le ciel.

— C'est difficile de vous répondre. Non, je n'ai rien vu venir, mais, depuis quelques mois, elle avait une attitude différente. Enfin, je vous dis ça avec le recul. Sur le coup, je n'ai rien remarqué et je me suis retrouvée éjectée de sa vie, abandonnée, exactement comme si elle était morte.

Elles étaient arrivées au paddock. La cavalière ouvrit la barrière, fit entrer son cheval dans l'enclos et lui ôta son licol. L'animal secoua la tête dans tous les sens en soufflant joyeusement. Puis il partit au galop vers le fond du terrain.

Subitement, Caroline sembla se décider.

— Les parents d'Anne étaient très exigeants. Ils attendaient beaucoup d'elle. Elle était fille unique, ils avaient eu beaucoup de mal à l'avoir et ils l'aimaient profondément, sans doute. C'étaient des grands bourgeois, une famille avec beaucoup d'argent et un rang à tenir. Ils voulaient qu'Anne soit leur digne héritière. Jean… le père d'Anne, était complètement fondu de sa « lignée », obsédé par son héritage et la trace qu'il allait laisser dans l'histoire. C'était un snob dans le sens littéral du terme. Un bourgeois, un nouveau riche qui aurait aimé être noble. Quand on a eu seize ans, on a commencé les rallyes. Ils ont réussi à l'envoyer au bal des débutantes et à une dizaine d'événements mondains similaires. Je suis certaine qu'ils se préparaient depuis sa naissance. Ils voulaient lui trouver un « nom » à épouser. Elle prenait des cours de danse de salon toutes les semaines, elle avait des cours de maintien et une gouvernante qui venait de Norland College. Elle détestait ça !

Les yeux de Caroline se remplirent de larmes.

— Elle suppliait sa mère de la laisser venir avec moi faire du cheval, mais celle-ci était intraitable. Avec l'école pendant la semaine, les obligations mondaines le week-end, Anne a commencé à étouffer, étouffer, étouffer. Et puis elle s'est mise à faire n'importe quoi.

Caroline traînait ses bottes dans la terre, griffant la pointe.

— Au début, elle me racontait tout. Elle me parlait des prises de bec avec sa mère, de son père qui ne disait rien, toujours le nez fourré dans ses journaux ou son travail. Elle a toujours été intéressée par les garçons. Au collège, elle se laissait tourner autour. Elle avait sa cour. Puis, très vite, elle a commencé à coucher, à droite et à gauche, avec des inconnus.

Caroline s'était arrêtée pour s'appuyer sur la barrière qui ceignait le paddock. La jument s'était laissée tomber à terre pour se rouler dans l'herbe. Caroline lâcha sa monture du regard et frotta son front comme s'il était taché.

— Et vous ? demanda Inès.

Le pauvre sourire de Caroline ne laissait pas de doute sur sa réponse.

— Moi ? Moi, j'étais dans ma passion des chevaux. Les week-ends, je les passais aux écuries. Mes parents étaient très stricts. Et très présents… Anne me racontait les horreurs qu'elle faisait pendant ce temps-là, à se faufiler hors de chez elle, retrouver des garçons et partir en soirées qui ne finissaient qu'au petit matin. J'étais envieuse, bien sûr, de cette apparence de maturité qu'elle avait. Elle était tellement… tellement femme ! Mais ça me dégoûtait aussi et j'étais finalement contente de ne pas pouvoir la suivre.

— Vous me disiez qu'elle était bizarre, un peu avant de disparaître…

Caroline Mignon poussa un soupir et fixa pendant un long instant l'herbe à ses pieds.

— Je ne voudrais pas dire du mal d'une morte, dit-elle d'une voix sourde.

— Je cherche seulement à comprendre, pas à juger, répondit Inès.

Et c'était vrai. Elle réalisait que son amie était beaucoup plus complexe que le personnage lisse et maîtrisé qu'elle montrait au monde. Toutes ces révélations sortaient Anne de son image de papier glacé, la rendaient humaine. D'une humanité dérangeante, mais réelle. Enfin !

— Je crois qu'elle se droguait, dit finalement Caroline Mignon.

Inès ne put retenir un soupir de découragement.

— Elle avait des comportements bizarres. Elle est devenue un peu paranoïaque. Elle avait des trous de mémoire aussi, des espèces d'absence. Et elle a arrêté de raconter ce qu'elle faisait le week-end. Dans le même temps, la rumeur s'est répandue que Xavier dealait au lycée.

— De l'herbe ?

— Pas seulement. De l'herbe et de la Special K.

— De la quoi ?

— De la kétamine. C'est un anesthésiant pour chevaux, mais c'était utilisé comme drogue festive à l'époque. Il vendait peut-être autre chose. Je me souviens de ça à cause… eh bien, à cause des chevaux. Et puis l'herbe, presque tout le monde en fumait de temps en temps. Ça a commencé plusieurs mois avant qu'elle parte. Sur le coup, je ne m'en suis pas vraiment aperçue. On avait déjà commencé à s'éloigner l'une de l'autre. Puis elle a disparu. Je me suis un peu monté la tête, je croyais qu'elle était morte et que son père nous le cachait. Je voulais aller signaler une disparition inquiétante à la police, mais j'étais mineure et mes parents ont refusé.

Caroline Mignon se baissa pour cueillir quelques brins d'herbe qu'elle lissa entre ses doigts d'un air absent.

Inès n'osait pas bouger. Elle essayait d'imaginer Anne en adolescente insolente et rebelle se perdant dans des soirées sans fin et des plaisirs illusoires. Elle plaignit sincèrement son amie.

Caroline porta un brin d'herbe à sa bouche, le mâchonna pensivement avant de le recracher sans élégance et de terminer son histoire.

— Lorsque le père d'Anne est mort, il y a eu des funérailles grandioses, mais elle n'est pas venue. Lorsque sa mère est morte, Anne était là. Elle était plutôt froide, comme un automate. Nous n'avons pas repris contact. Je n'en voyais pas l'intérêt et elle n'en manifestait pas l'envie.

La cavalière se redressa, le dos droit, le port de tête altier. Inès comprit qu'elle n'en dirait pas plus. Au fond de ses prunelles noires ne brillait pas la moindre étincelle de regret.

Anne

Le samedi 21 juin a commencé comme une belle journée d'été. Quelques moutons dans un ciel bleu azur, pas de vent. Un temps à sortir bras et jambes nus, à les allonger au soleil et à sentir sa chaleur sur la peau. J'ouvre la fenêtre de ma chambre en grand et je respire à pleins poumons. Cerise sur le gâteau, mes parents sont partis pour quatre jours en thalasso avec les Garnier. J'ai la maison pour moi toute seule et personne pour me dire ce que je dois faire.

Je dévale l'escalier en courant et en faisant un maximum de bruit. Malgré ça, quand je surgis dans la cuisine en criant « Bouh ! », Paola sursaute tellement fort qu'elle manque de se cogner la tête au plafond. Elle éclate de rire, puis elle me regarde avec ce petit air attendri qu'elle prend toujours quand Mère n'est pas dans les parages. Elle a fait des muffins et des briochettes au pralin, qui sortent tout juste du four. J'en ai une assiette pleine, avec un gros bol de chocolat pour tremper dedans. On fait toujours ça quand mes parents partent en week-end. Paola aussi, elle aime bien lorsque nous ne sommes que toutes les deux.

Elle m'annonce qu'elle va passer la soirée chez sa sœur et qu'elle ne rentrera sans doute que dimanche matin. Je dis OK en prenant un morceau de brioche. Elle n'est même pas censée être là, de toute façon. Elle hésite un instant, je parierais qu'elle veut me dire de ne pas ramener de garçon, mais qu'elle se demande si elle doit me montrer qu'elle sait. Je lui souris. Pas de risque que je ramène qui que ce soit ici. Mère a un détecteur spécial pour ces choses-là. J'ai emmené une fois Xavier dans le grand salon pour lui montrer le portrait de grand-père et elle l'a senti immédiatement. Tant qu'elle ne me renifle pas, ça me va.

Après mon petit déjeuner, je vais prendre un long bain parfumé. J'ai décidé de consacrer ma journée à me préparer pour la fête de ce soir. La plus grosse fête du vignoble pour célébrer l'été. Tout le monde sera là. Même Lucas, qui a enfin eu une perm et revient de Saint-Cyr dans la voiture d'un copain de promo. Pauvre Lucas, qui m'a écrit des lettres enflammées pendant des mois. J'ai fini par lui expliquer qu'il n'avait aucune chance avec moi. Ça s'est passé à la soirée du Nouvel An. Il avait un peu bu et il me serrait trop fort en dansant sur *Take My Breath Away*. Il s'imaginait peut-être qu'avec son bel uniforme il allait pouvoir conclure. Pauvre Lucas. Il me fait de la peine, avec son air pataud, ses longs membres maigres et ses yeux de chien battu. C'est mon ami, mais jamais il ne rentrera dans mon lit. Plutôt mourir. Sauf que ça ne se dit pas comme ça. Je fais semblant d'ignorer ses sous-entendus, je pirouette pour lui éviter de perdre la face. Au Nouvel An, il a fallu que je sois claire. Ses mains avaient pris le pas sur la parole et je ne pouvais pas faire semblant de les ignorer. J'avais un peu trop bu, un peu trop fumé, et je n'ai pas mis les formes comme je l'aurais dû. Enfin, je suppose, parce qu'ensuite je n'ai pas eu de nouvelles de lui jusqu'au mois dernier. Puis il s'est remis à m'écrire, des lettres légères et drôles, comme avant, à me décrire sa vie d'élève officier, sa fierté, celle de ses parents, ses copains qui étaient devenus « des frères ». Ça m'a fait plaisir. Je ne voulais pas de Lucas comme amant, mais je tenais à lui. L'idée de le revoir enfin après presque six mois d'absence me comble. Il m'a dit qu'il avait beaucoup changé, mais n'a pas voulu m'envoyer de photo. Je n'ai pas insisté. Même quand je suis toute seule, je n'aime pas me moquer de lui.

Paul-Antoine viendra, mais avec sa chérie. Autant ne pas tenir compte de sa présence. Ils vont roucouler dans un coin, se peloter dans les buissons, et il sera l'heure de raccompagner Cendrillon à la maison. A les voir tous les deux, on dirait qu'ils sont mariés depuis dix ans. Je suppose que ça ne va pas tarder. Cette pauvre fille a l'air d'une potiche, ça m'étonnerait qu'il s'éclate beaucoup au lit avec elle.

Caroline ne viendra pas, mais je ne crois pas que Caroline soit venue à une seule soirée. Une fois, j'ai plaisanté sur le fait qu'elle préférait ses étalons aux gars costauds du village. Elle n'a pas eu l'air d'avoir compris. Les garçons, si, et ils ont eu l'air gênés lorsque j'ai ajouté que je la comprenais.

Xavier vient, évidemment. Xavier est comme mon ombre. Il s'imagine me tenir, alors que c'est lui que je tiens. Pauvre, pauvre garçon. Il n'a même pas le début du commencement d'une idée de l'étendue de la fortune de mes parents. Il s'imagine que je serai forcément à court d'argent un jour, vu les quantités que je consomme, et qu'il pourra négocier en paiement de s'introduire dans mon entrejambe avec sa petite quéquette ridicule de puceau post-pubère. Maintenant qu'il gagne trois sous grâce à moi et à quelques relations, il veut jouer aux riches et va se fournir aux limites de son imagination en matière de luxe. Chez Armand Thierry. J'en pleure de rire intérieurement. En prévision de la soirée, j'ai passé ma commande il y a presque une semaine. J'ai fini par trouver comment m'habiller (une minirobe Girbaud en lurex, somptueuse), me maquiller et me coiffer.

Tout s'annonce au mieux.

Je passe ma journée à traîner. A regarder des séries sur La Cinq. A lire le dernier Mary Higgins Clark. A bronzer au bord de la piscine. Xavier m'a livré sa petite marchandise, avec un de ses copains. Il a joué à son petit jeu de propriétaire, histoire d'épater l'autre type, j'imagine. Je l'ai laissé m'enfoncer le doigt dans le nombril et me tourner autour tout en racontant des blagues. Les deux n'ont pas arrêté de me reluquer tout le temps qu'ils sont restés, mais ils n'ont rien tenté. Paola n'y est pas étrangère. Elle est sortie, mine de rien, proposer des gâteaux et de l'orangeade. Histoire qu'ils sachent que je n'étais pas seule.

Cette chère vieille Paola. Elle est là depuis toujours. L'odeur sucrée et chaude des biscuits dans le four lui est tellement attachée qu'on pourrait en faire un parfum que j'aimerais conserver toute ma vie. Il n'y a pas un chagrin qu'elle n'ait su consoler, pas un bobo qu'elle n'ait su soigner. Sa cuisine est un refuge, un lieu où je sais que je serai, quoi qu'il arrive, attendue, aimée, protégée, consolée, cajolée. Je sais que je peux compter sur Paola pour me protéger de tous les aléas de l'existence. Je suis sûre que, si elle avait été ma mère, ma vie aurait été différente. Je lui ai souri, pour la remercier et l'assurer que tout allait bien. Elle a posé le plateau sur une table, m'a fait un clin d'œil et est retournée dans la maison.

Lorsque j'en ai eu assez d'eux, j'ai chassé les deux garçons en prétextant un bain à prendre et des heures de préparation pour devenir sublime. Comme prévu, ils m'ont assuré que je l'étais assez comme ça. Ils bandaient comme des ânes, les pauvres, lorsque je me suis levée dans mon mini-bikini, avant de les raccompagner jusqu'à la porte. Pauvres gosses. Qu'ils rêvent, qu'ils se paluchent en pensant à moi, ils n'auront rien de plus.

Puis Paola est partie, et c'est le moment de me préparer pour de bon.

La fête se tient dans une gentilhommière que tout le monde appelle « le Château », et qui se loue pour des événements privés. D'habitude, le Château est réservé des années à l'avance pour des mariages. Je suppose qu'il y a eu une annulation de dernière minute. Le ticket d'entrée est assez cher, ce qui permet de trier un peu la clientèle. Avant même d'avoir avalé quoi que ce soit, je me sens euphorique. Comme si ces derniers mois d'étreintes moites avec des inconnus n'avaient constitué que des répétitions en vue de l'ultime représentation qui se tiendra ce soir. J'ai le pressentiment que quelque chose de grand va survenir, quelque chose qui va changer le cours de ma vie. Une première. Une première de quoi ? J'ai hâte de le découvrir.

Je prends mon temps pour me préparer, me faire belle. Je ne peux pas m'empêcher de penser aux histoires de princesse de mon enfance. Oh ! Evidemment, je sais que ce sont des contes de fées. Mais j'y ai rêvé si souvent, seule dans cette grande maison vide, qu'ils ont laissé en moi des traces ineffaçables, faites de rêves et de paillettes. Aussi cynique que je m'efforce d'être, aussi détachée de tout sentiment quant aux hommes qui investissent, à ma demande, mon corps, il y a quelque part, cachée dans un recoin de mon âme, une princesse qui n'attend que son prince pour déployer ses ailes.

Lorsque je quitte la maison, Paola est partie depuis longtemps. Le Château n'est qu'à huit cents mètres, mais j'ai commandé un taxi pour m'épargner une marche trop longue sur mes hauts talons.

J'arrive intentionnellement bien après le lancement de la soirée, alors que l'ambiance est déjà à la fête. La musique sort à flots par les fenêtres grandes ouvertes. Le Château est tout illuminé, les pelouses également. Je repère quelques bosquets sombres disposés à distance stratégique de la terrasse principale, ni trop proches ni trop éloignés. J'entends des cris, des rires. L'air est incroyablement doux, une légère brise me caresse les bras. Je serre ma pochette, dans laquelle se trouvent des pailles et deux minuscules boîtes en or pleines de poudre.

Xavier m'attend sur les marches du perron, accompagné d'un grand type baraqué qui n'est pas son copain de cet après-midi. Encore un nouveau ? Ils sont tous les deux en costume de soirée. Xavier est très élégant. Je dois reconnaître que tous ses efforts pour gommer sa plouquitude d'origine se révèlent payants. Il se tient droit, ses chaussures sont impeccablement cirées et ses cheveux ont ce je-ne-sais-quoi, à la fois coiffés et décoiffés, qui donnerait presque envie de passer la main dedans. Mais je ne m'y risquerai jamais. Je sais à quel point son âme est corrompue. Je l'embrasse sur les joues avant de me tourner vers son compagnon et… j'ai un choc. C'est Lucas. Lucas, qui a bien dû doubler de largeur depuis la dernière fois que je l'ai vu. M. Cyclopède s'est transformé en Michael Knight. Mon étonnement ne lui a pas échappé et il rit. Il ouvre sa veste et tape sur son torse. Puis il me prend dans ses bras, me serre contre lui. C'est dur, il y a des vallons et des collines, on dirait que ce n'est que du muscle. Est-ce qu'on peut se transformer à ce point en six mois ? Je suis contente de retrouver mon ami. La joue contre son torse, je m'abandonne un instant.

Contre ma hanche, quelque chose bouge. Quelque chose qui durcit. Un peu gênée pour lui, je m'écarte doucement, mais Lucas ne me laisse pas et, une main au creux de mes reins, me plaque contre lui. Je le repousse pour le regarder, espérant, je suppose, y trouver une grimace d'excuse, un peu de honte. Non. J'y vois du désir, j'y vois de la satisfaction, quelque chose qui dit : « Tu n'as plus de raison de me repousser, maintenant. » Je comprends que je vais devoir une fois encore briser le cœur de mon ami.

Il l'a mal pris. Je l'ai entraîné un peu à l'écart, et, le plus doucement possible, je lui ai parlé.

— Tu es comme un frère pour moi, Lucas. On a grandi ensemble et tu es mon ami. Tu es un garçon formidable, tu es magnifique, tu es courageux, mais je ne peux pas t'aimer comme tu voudrais que je t'aime.

Comme c'était douloureux. Je trouvais mes paroles mièvres, stupides, maladroites et son visage, qui se décomposait, me parlait de Blitzkrieg et de démolition. J'ai eu beau essayer d'y mettre les formes, ça n'a pas atténué, manifestement, la violence du choc. Il s'est dégagé d'une secousse et il est parti vers le fond des jardins.

Comme une âme damnée, Xavier a surgi près de mon épaule dans les dix secondes.

— Il a recommencé ? a-t-il demandé.

J'ai hoché la tête. J'avais la gorge nouée par l'émotion, le mal que je venais, à mon corps défendant, d'infliger. Egoïstement, j'ai eu peur d'avoir définitivement perdu mon ami.

— Va t'occuper de lui, ai-je lancé à Xavier. File-lui des cachetons, qu'il s'éclate quand même. Je paie.

Et je me suis sauvée jusqu'au Château pour m'étourdir de musique, de drogue et de sexe.

Ça fait longtemps que j'ai remarqué que ma conscience est la pire des compagnes. Ma conscience ressemble à Mère. Froide, accusatrice, implacable. Elle pointe mes erreurs, se moque de mes errements et me poursuit de son jugement. J'ai beau tenter de lui échapper, elle se tapit, en embuscade, dans un recoin de mon esprit, prête à me sauter à la gorge au moindre signe de faiblesse. La poudre blanche de Xavier m'aide à la garder loin, à oublier que rien de ce que je fais n'est convenable, à fuir l'avenir que me promettent ma mère, mon milieu et mon argent.

J'ai peut-être abusé cette nuit-là.

J'ai peut-être attrapé un verre d'alcool dans un moment d'euphorie. Ou bien la qualité n'était pas la même. Mes souvenirs sont un kaléidoscope de sensations, de flashs, de bruits, d'odeurs. Je me réveille dans une chambre étrangère, sans doute dans le Château.

Je me souviens du jeté de lit en coton grossier sous ma joue, de son odeur de renfermé. J'ai l'entrejambe poisseux, et mal aux seins. J'ai un mauvais goût dans la bouche. Et ma conscience fond sur moi avec la férocité de celle qu'on a dédaignée pendant trop longtemps. Je ne regarde pas l'heure, je cherche à tâtons ma pochette. J'ouvre la seconde boîte en tremblant, j'ai tellement l'habitude que, même à moitié défoncée, je sais tracer des lignes. J'ai le temps de tout ranger dans mon réticule et celui de me rappeler qu'on n'appelle pas une pochette un « réticule ». Ma vie va redevenir un kaléidoscope. Je me laisse tomber en avant.

Lorsque je reprends connaissance, je ne peux pas bouger les jambes, un poids appuie dessus. Mes mains sont réunies sous mon ventre. Je suis entravée. J'essaie de me débattre, mais c'est comme si j'étais dans de la mélasse. Mes bras et mes jambes pèsent des tonnes, mes muscles n'ont pas plus de consistance que du chamallow. Deux mains me saisissent, tirent mes bras vers l'arrière, rassemblent les poignets et les serrent. Un souffle d'air sur mes fesses. Est-ce qu'elles sont nues ? La musique est lointaine.

J'ai mal à la tête.

Au début, je pense que je vais mourir. Je crois que la brèche va s'élargir à l'infini, que je vais me disloquer, écartelée, empalée sur un corps étranger. La souffrance se propage comme une coulée de lave, elle prend tout, le centre du corps, la peau, la surface et les os, elle se diffuse, elle se répercute, elle court dans les veines, le long des muscles, elle envahit le corps entier comme du métal en fusion et je me dis : Je vais mourir.

Puis quelque chose craque et c'est comme si mon esprit jaillissait de mon corps pour ne plus ressentir, pour juste observer ou pour s'endormir, se dérober à la vie, à tout, pour s'escamoter dans un tourbillon, un vortex, quelque chose qu'on ne dit pas, qu'on ne connaît pas, qui vous transporte et vous soustrait à la vie. Plus rien n'a vraiment d'importance et sans doute plus rien n'a d'existence ou de présence, à ce moment-là.

J'entends des vociférations, il y a une main sur ma bouche qui m'empêche de crier, d'appeler, il y a ce tatouage sur le bras qui me tient, ce tatouage bizarre que je n'ai jamais revu. Il y a la voix étrangère avec ce défaut de langage si étonnant, puis on me porte, j'ai du gravier sur la joue, le sang entre mes jambes fait des rigoles et des croûtes séchées qui craquent quand on me bouge. Je sombre dans un puits sans fond, noir, réconfortant, l'oubli, l'inconscience, je ne sais pas.

14 h

Inès

Sa deuxième visite du jour, Inès la réservait à l'enquêteur privé. Au volant de la voiture ancienne qu'elle appréciait malgré l'embrayage difficile et le tableau de bord minimaliste, Inès avait rebroussé chemin, remontant vers le nord et le centre de Nantes.

La description que Caroline Mignon venait de lui faire d'Anne correspondait tristement à celle de Paul-Antoine. Une jeune bourgeoise étouffée par les attentes et les contraintes familiales qui trouvait malgré tout le moyen d'y échapper. Elle pensa à sa propre adolescence, privée de presque tout ce qu'Anne avait pris pour acquis, et auquel elle-même avait aspiré en s'imaginant que cela lui suffirait pour être heureuse – des parents qui prenaient soin d'elle et lui assuraient un avenir, des possessions matérielles, un toit sûr et un frigo toujours plein.

Aurait-elle savouré cette sécurité, comme elle le pensait alors, ou bien, comme Anne, aurait-elle négligé d'y prêter attention ?

Elle pensa à ses propres fils, qu'elle avait élevés avec tout l'amour qui lui avait fait défaut, ne laissant jamais le soleil se coucher sur une dispute, leur lisant une histoire chaque soir jusqu'à ce qu'ils aient l'âge de protester, prêtant une oreille attentive à leurs angoisses comme à leurs joies. Elle avait le sentiment d'être une bonne mère – si sa vie partait en lambeaux de toutes parts, elle savait, intimement, qu'elle avait réussi cela.

La jeunesse d'Anne avait peut-être été aussi dépourvue de chaleur et de tendresse que la sienne, pensa-t-elle avec un serrement de cœur.

Il était 14 heures lorsque Inès appuya sur la sonnerie du 15, avenue de Provence, une maison pimpante qui avait tout de la bonbonnière. Une plaque décorée du logo *MJ* et proclamant fièrement *SARL Mathias Jacquet-Enquêteur privé* ne laissait aucune place au doute.

Une femme de petite taille, ronde et souriante, apparut dans l'ouverture. Elle descendit à pas pressés les trois marches du perron avant de traverser le jardinet. Sa tignasse d'un brun profond rebondissait en grosses boucles sur sa large poitrine. Des taches de rousseur éclaboussaient son visage et accentuaient l'air espiègle que lui donnait son nez en trompette. Deux fossettes se creusèrent dans ses joues lorsqu'elle s'enquit de l'objet de la visite d'Inès.

Celle-ci glissa à travers les barreaux de la grille une carte de visite.

— Je suis Inès Fauré et…

La femme ne lui laissa pas le temps de terminer.

— Ah ! Très intéressant ! Je me demandais si vous alliez venir, dit-elle avec un sourire satisfait.

Elle ouvrit grand la grille d'entrée et saisit la main d'Inès, qu'elle secoua.

— Venez, ordonna-t-elle.

Le parquet ancien craquant sous ses pieds, Inès la suivit le long d'un couloir blanc jusqu'au bureau, situé à l'arrière de la maison. L'atmosphère y était résolument masculine, avec des étagères de bois sombre croulant sous les livres et des tentures couleur sapin.

Inès tourna la tête, s'attendant à y rencontrer son occupant, cheveux gris, pipe à la bouche, le dos légèrement voûté par les années et un pantalon gris qui pocherait aux genoux.

La jeune femme lui désigna un des fauteuils flanquant le bureau massif.

— Je suis Mélisande Jacquet.

Inès sourit gentiment.

— Je souhaite parler à Mathias Jacquet, s'il vous plaît, expliqua-t-elle.

— C'est mon père, répondit Mélisande avec un demi-sourire qui laissait présager une bonne blague.

Inès déglutit.

— Puis-je lui parler ?

— Vous pouvez très certainement, mais je ne suis pas certaine qu'il vous réponde.

Mélisande s'était installée derrière le large bureau. Elle évoquait à Inès un elfe ou un korrigan, un être plein de pouvoirs et de malice qui pouvait être son salut comme sa perte.

Elle tourna vers Inès un des cadres qui se trouvaient sur la table. A l'intérieur, la photo d'un homme grand et décharné que Mélisande enlaçait.

— Il est mort. Sa tombe est au Pont-du-Cens, si vous désirez lui parler. En revanche, si vous voulez des réponses, ce sera plus efficace de vous adresser à moi.

Inès serra son sac à main contre elle et regarda autour d'elle.

— Asseyez-vous, insista Mélisande, renversée dans son fauteuil de cuir.

— Je suis…

— Inès Fauré, vous me l'avez dit.

— Je viens parce que j'ai trouvé votre rapport…

Pas de réponse.

— Vous savez pourquoi je viens vous voir.

— Parce que j'ai enquêté sur vous ?

Inès sortit les photos noir et blanc qu'elle avait trouvées dans les affaires d'Anne, une collection bien plus impressionnante que celle qu'une main anonyme avait déposée un jour dans sa boîte aux lettres. Elle les jeta plus qu'elle ne les poussa vers son interlocutrice, qui les saisit d'un air grave.

— Je suis l'épouse, dit sobrement Inès.

— Je suis désolée.

— Ne le soyez pas, répliqua Inès. Vous n'y êtes pour rien. Je voudrais en savoir plus…

— Sur la femme ?

Mélisande ouvrit un tiroir et en sortit un bloc de papier et un élégant stylo-plume couleur saphir dont elle dévissa le bouchon avec application. Elle jura à voix basse et se pencha de nouveau. Le stylo-plume avait laissé sur ses doigts deux grosses taches bleues qu'elle épongea avec un mouchoir en papier. Après quoi, elle essuya soigneusement la plume.

— Navrée, fit-elle avec un rictus d'excuse. C'est un cadeau de papa, mais il coule chroniquement. Il va falloir que je cesse de m'en servir. Vous disiez donc que vous vouliez des renseignements sur cette femme ?

— Non. Je veux des renseignements sur votre commanditaire.

Mélisande Jacquet, qui avait commencé à écrire sur son bloc-notes, interrompit son mouvement avec un coup d'œil prudent vers Inès. Manifestement, elle ne s'attendait pas à cette demande.

— Vous savez que nos contrats sont confidentiels… commença-t-elle.

Inès ouvrit rapidement la grosse chemise cartonnée dans laquelle elle avait rassemblé tous les rapports, mais aussi toutes les factures qu'elle avait trouvées chez Anne. Elle sortit le tas de papiers, qu'elle laissa retomber avec un bruit sourd sur le bureau de l'enquêtrice. Les rapports s'étalèrent sur le plateau, menaçant le stylo-plume posé devant le bloc-notes. Mélisande l'attrapa au vol avant qu'il ne tombe.

— Vous avez fourni tout ce travail pour Anne Arnotte, y compris l'espionnage de mon propre mari. Je veux des renseignements.

— Ce n'est pas p…

— Ecoutez, plaida Inès en s'avançant au bord du fauteuil. C'était mon amie. Elle est morte. La police enquête sur sa mort. Elle, elle a fait enquêter sur tous ceux qu'elle connaissait. Pourquoi ? Qu'est-ce qu'elle cherchait ?

Mélisande Jacquet rangea son stylo dans le tiroir et se mit à observer le plafond avec tant d'application qu'Inès ne put s'empêcher de lever les yeux elle aussi. Il n'y avait rien. Juste une fêlure qui sinuait et se perdait derrière une moulure.

Elle allait s'expliquer lorsque Mélisande reprit la parole.

— Votre amie était une âme troublée.

La détective se pencha en avant.

— Elle n'avait pas confiance. Elle voulait tout savoir sur tout le monde.

— Elle vous l'a dit ?

— Elle venait me voir dès qu'elle rencontrait une nouvelle personne. « Mélisande, j'ai besoin de savoir à quel point je peux lui faire confiance », disait-elle.

— Et c'est tout ? Vous enquêtiez sur eux et leurs sales petits secrets et vous lui fournissiez un rapport ?

Mélisande poussa un gros soupir :

— Oui, c'est ça.

— Et le type qui est en garde à vue, le violeur…

Mélisande tenta de l'interrompre :

— Il n'a pas… commença-t-elle.

Mais Inès ne la laissa pas finir.

— Je sais, on ne dit pas « violeur », on dit « agresseur sexuel ». Mais vous et moi, nous savons parfaitement à quoi nous en tenir quand on parle d'agresseur sexuel. C'est juste que la victime n'avait pas assez de preuves, ou que le violeur avait un peu trop de copains haut placés, c'est ça que veut dire « agression sexuelle ». Ne me faites pas un chapitre là-dessus.

Inès se mit à respirer un peu plus rapidement. Les mots se bousculaient derrière ses lèvres, comme un flot trop longtemps réprimé, et cela sortait précipitamment.

— Il n'y a pas de rapport sur lui. Vous avez espionné tout le monde autour d'Anne, sauf le type qui l'a tuée. Oh ! s'exclama-t-elle alors que Mélisande levait le doigt pour faire signe qu'elle souhaitait parler. Oh ! Pardon, pas « le type qui l'a tuée », mais « le gardé à vue ».

Elle en avait assez d'être la gentille fille sage qu'on peut tromper, qu'on peut mener par le bout du nez et qui dit merci quand on lui dit non.

— Je me suis mariée jeune, j'ai eu mes enfants tout de suite. Mon mari a beaucoup d'argent, ses parents pensent qu'ils sont des gens importants. Moi, je viens de Seine-et-Marne, alors ça n'a pas été facile de m'adapter. Au début, il y avait les enfants, puis l'école. J'accompagnais les sorties scolaires et je couvrais des livres à la rentrée, mais je n'avais personne à qui vraiment parler. J'allais à la messe avec mon mari, mes enfants et mes beaux-parents. Vous savez d'où je viens. Je me suis assez battue pour arriver où je suis. Et puis les enfants ont grandi et j'ai rencontré Anne. Elle ressemblait à tout ce que je voulais être. Elle était assurée, confiante, elle avait du talent, et elle était respectée. Elle m'a prise sous son aile. On est devenues amies. Elle était toujours là pour moi. A mes yeux, elle était parfaite, elle était comme une grande sœur pour moi qui n'en ai jamais eu. Et j'apprends que c'est elle qui a mis ces photos dans ma boîte aux lettres… Que sans elle je ne serais pas seule, abandonnée par mon mari, abandonnée par mon amie, j'ignorerais tout et je serais seulement bouleversée que mon amie soit morte… Et vous, vous l'avez aidée dans son entreprise immonde, vous l'avez aidée à briser ma vie ! Je veux savoir pourquoi elle a fait ça.

Inès ne comprenait pas ce qui lui prenait. Sa confiance trahie, la mort de son amie, toutes ces existences en lambeaux. Elle était triste, si triste qu'elle se mit à pleurer à gros sanglots dans ses mains.

La détective se leva et, ses talons claquant sur le parquet du bureau, quitta la pièce. Elle revint quelques minutes plus tard, portant un grand plateau sur lequel elle avait disposé une théière, des tasses et une assiette couverte de pâtisseries fraîches.

— Je sais que c'est une mauvaise habitude pour mon tour de taille, mais un thé et quelques douceurs ont toujours un effet réconfortant sur le moral, vous ne trouvez pas ? demanda-t-elle avec un sourire. Pourriez-vous me débarrasser un peu le bureau, que je ne fasse pas de catastrophe ?

Inès se leva précipitamment et ramassa ses rapports, qu'elle disposa en pile dans le fauteuil près d'elle.

— Bien, reprit l'enquêtrice en posant son chargement.

Le thé répandit une délicieuse odeur lorsque Mélisande remplit les tasses.

— J'ai rencontré votre amie juste après la mort de papa, commença-t-elle.

Elle s'interrompit un instant pour souffler sur son thé et en boire une gorgée minuscule avec précaution. Inès jeta un coup d'œil aux pâtisseries. Son estomac gronda.

— C'était une femme forte, et droite, tout ce que vous avez décrit d'elle. Elle vous aimait. Elle vous respectait. Elle n'était pas parfaite, certes. Mais elle avait chacune des qualités que vous lui avez reconnues.

Inès, secouée, ne dit rien. Ses mains tremblèrent un peu quand elle prit la tasse de thé pour se donner une contenance.

Est-ce qu'elle voulait vraiment en savoir plus ? La boîte de Pandore avait été ouverte en grand. Il n'y avait plus qu'à affronter la réalité.

Mélisande croisa les mains sur son ventre.

— Elle m'a d'abord fait enquêter sur ses parents et sur leur mort.

— Sur ses parents ?

— Elle voulait savoir si la mort de son père était naturelle, répondit Mélisande en soufflant.

— Et alors ?

— Et alors, non. Il a eu recours à une association d'aide au suicide institutionnalisée. Il avait une maladie très grave en phase terminale. Il souffrait beaucoup, mais il était lucide.

— Quelle maladie ?

— Un cancer, rien de mystérieux.

— Et les autres ?

— Elle cherchait un homme.

— Un homme ?

Et Mélisande commença à lui raconter ce qu'elle savait d'Anne Arnotte et de sa recherche avec le soulagement de celle qui porte un secret trop lourd et qui s'allège de son fardeau en le partageant.

14 h 45

Killian

Lorsque la vitre du salon explosa, Killian était déjà réfugié au deuxième étage. Incapable de réprimer le tremblement de ses mains, il s'y reprit à trois fois pour composer le numéro de la gendarmerie. Malgré la fenêtre fermée, il entendit une clameur monter.

— Gendarmerie nationale, bonjour, que puis-je pour vous ?

Killian balbutia avec difficulté son nom, se racla la gorge pour s'éclaircir la voix avant d'énoncer son prénom et son nom de famille, plus fort qu'il ne le souhaitait. Les cris s'intensifiaient dans la rue et Killian se recroquevilla sur son siège, plus par instinct que par crainte. S'efforçant de parler logiquement et calmement, il continua :

— Il y a un groupe de personnes en bas de chez moi, qui crient et qui m'insultent. Ils viennent de jeter une pierre sur mes fenêtres.

D'un doigt, il se boucha l'oreille libre pour se concentrer sur ce que le gendarme lui demandait :

— Pourquoi ?

— Pourquoi ?

— Pourquoi ce rassemblement en bas de chez vous ?

Killian Troarec ne sut pas quoi répondre. Ils croient que je suis quelqu'un que je ne suis pas ? Ils m'en veulent pour des actions que je n'ai pas commises ? Je viens de sortir de prison, ils me croient coupable ? Mon style de vie me condamne à leurs yeux ?

Les cris dehors se faisaient plus stridents. Killian enfonça plus fermement le doigt dans son oreille. Il avait déjà vécu le scandale et l'opprobre. Il était alors jeune, inconscient et confiant, et tout ça rendait son père fou de rage. Aujourd'hui, presque trente ans plus tard, il se sentait vieux. Et il était douloureusement conscient qu'on ne pouvait faire confiance ni à une foule en colère ni à la justice.

S'il avait pu se remémorer ces événements, ce jour-là, Killian Troarec aurait sans doute ri, un peu jaune, de s'être réfugié tout en haut de sa maison, comme un chat dans un arbre. S'il avait été dans son état normal, il n'aurait pas réagi comme ça. Il se serait montré plus ferme, plus fort. Il serait allé dans son jardin, aurait escaladé le mur et aurait quitté la ville quelque temps.

Seulement voilà, Killian Troarec était cassé. Cassé par sa garde à vue, l'humiliation de se voir retirer ses affaires, ses lacets, sa ceinture, par la peur de retrouver la prison. Mortifié de voir sa vie sexuelle étalée devant tout le commissariat et dans les journaux. Insulté par le jugement qu'il avait lu dans le regard de ces flics. Et puis, il y avait l'absence d'Hortense.

Killian Troarec lui avait téléphoné en sortant du palais de justice pour la prier de venir le chercher, en vain.

Il avait tenté de la joindre au bureau. Sandrine avait répondu :

« Ça fait deux jours qu'elle n'est pas venue. »

Il se demanda si elle savait, ce qu'elle savait.

« Elle est peut-être malade ? Vous êtes allées chez elle ? » avait-il demandé, inquiet.

La voix de Sandrine était calme, comme d'habitude. Oui, elle était passée chez elle. Il n'y avait personne non plus et sa voiture n'était pas sur le parking. Elle avait supposé qu'Hortense était partie en week-end prolongé. Ou peut-être avait-elle abandonné son poste.

« Il paraît que ça arrive de plus en plus fréquemment. »

Killian avait remercié Sandrine, puis avait raccroché d'un geste las.

Le retour jusque chez lui en taxi s'était effectué dans un silence morose. Il se sentait vieux, sale et fatigué.

Le taxi l'avait déposé sur la place Levoyer et il avait regagné sa maison en empruntant les ruelles habituelles. Il avait hésité à faire un détour pour aller acheter *La Source de l'Ouest*, puis avait renoncé. Pour la première fois, la taille réduite de son village de pêcheurs lui était apparue comme une menace. Il avait hâte de se retrouver chez lui, de prendre une douche et de se débarrasser de ses vêtements qui sentaient la prison et l'échec.

Sur la porte de sa maison s'étalaient trois mots : « Va-t'en ».

Les murs dont il avait soigneusement refait le crépi à l'ancienne étaient zébrés de peinture, comme pour le rayer de la ville. Son nom avait filtré, avait-il compris. Son nom, son passé, son mode de vie.

Découragé, Killian avait sorti sa clé. Il n'était pas arrivé à l'insérer dans la serrure du premier coup tellement ses mains tremblaient. La clé avait raclé la serrure. Il ne parvenait pas à enfoncer cette fichue clé. Il s'était approché de la poignée, par réflexe, pour mieux distinguer les détails. Quelque chose empêchait sa clé de rentrer. Il avait passé ses doigts sur la serrure. De minuscules boursouflures, une coulure durcie. Il avait tourné les talons. A cette heure de la journée, sa voisine Henriette devait faire une sieste devant la télé. Il pourrait traverser sa courette et de là escalader le mur de son jardin.

Il avait contourné le pâté de maisons et était resté un instant immobile devant l'entrée d'Henriette. Il entretenait avec elle des rapports de bon voisinage et, en temps normal, elle n'aurait certainement pas vu d'inconvénient à ce qu'il passe par sa cour. Le village était silencieux, comme s'il retenait son souffle avant le retour des écoliers et de leurs parents. On entendait le clang clang du ferronnier, à trois maisons de là, et un chien avait aboyé. Killian avait pris une grande respiration et avait traversé la cour de sa voisine, bondi sur le mur d'enceinte de son jardin et contemplé le saccage.

Tout avait été piétiné, arraché, détruit ; tout était à terre, dans le jardin comme dans la serre.

Passant la main par la vitre brisée, il avait déverrouillé la porte de la véranda. Ces imbéciles n'avaient pas pensé à coller la serrure de ce côté, heureusement, et n'étaient pas non plus entrés chez lui, avait-il constaté avec soulagement.

Il avait refermé soigneusement derrière lui avec l'impression d'avoir parcouru un champ de mines.

Il avait grimpé quatre à quatre l'escalier, s'était précipité sous la douche. Epuisé, il s'était effondré dans son lit et avait dormi d'un sommeil haché par les cauchemars.

Lorsqu'il était redescendu le lendemain matin, propre et habillé de frais, un rayon de soleil avait percé jusqu'à la fenêtre de sa cuisine pour venir percuter la carafe en cristal qu'il laissait intentionnellement sur le plan de travail. Le rayon, réfléchi et réfracté par le verre taillé, envoyait des gouttelettes de lumière arc-en-ciel sur les murs. Troarec avait fait glisser ses pieds nus sur le parquet en chêne pour en caresser les veinures. Il était soulagé d'avoir quitté l'univers carcéral, et la joie d'avoir retrouvé son chez-lui était intense.

Trois coups assenés avec force sur sa porte l'avaient fait sursauter. Il avait ouvert le judas.

Sur le seuil se trouvaient une dizaine de personnes cagoulées. Deux ou trois d'entre elles tenaient des battes de base-ball. De la racaille de cité qu'on n'avait encore jamais vue débarquer à Trentemoult. L'homme qui venait de frapper, cependant, se présentait tête nue. Killian lui donnait quarante ou cinquante ans. Il avait un visage long, marqué, fatigué, et portait un blouson rouge à bandes noires et un jean large qui avaient connu des jours meilleurs. Il avait lentement retiré sa main. Killian avait craint d'y voir la crosse d'un pistolet, mais il ne s'agissait que d'une grosse pierre. L'homme avait rapproché son œil du judas et crié quelque chose que Killian n'avait pas compris.

Son sentiment de soulagement était loin derrière lui. Il ne comprenait pas pourquoi on s'en prenait à lui.

Il avait été innocenté, n'est-ce pas ? Quelqu'un avait-il prévenu ces culs-terreux ?

Il avait foncé dans l'escalier.

La vitre du salon avait explosé.

Terrorisé, Killian avait composé le numéro de téléphone de la gendarmerie.

16 h

Céleste

Un premier camion de pompiers puis un second les doublèrent à toute allure.

— Tu vois de la fumée ? demanda Céleste.

Ithri observa le ciel. Difficile de se rendre compte, avec le gris des nuages.

Le boulevard du Général-de-Gaulle était complètement bouché, les voitures avançant à peine, pare-chocs contre pare-chocs. Céleste hésita à prendre la voie d'arrêt d'urgence lorsqu'elle entendit une nouvelle sirène deux tons. Un troisième camion de pompiers arrivait vers eux à vive allure. Elle attendit patiemment que le véhicule rouge la double puis plaqua son gyrophare sur le toit et déboîta.

— Baisse le pare-soleil, ordonna-t-elle à Ithri, qui s'exécuta.

Elle suivit les pompiers sur la bretelle de sortie. Une fois en hauteur, elle aperçut un panache de fumée qui s'élevait mollement au-dessus de Trentemoult.

— La terreur des pompiers, commenta sobrement Ithri. Un village de maisons collées les unes aux autres et séparées par des ruelles inaccessibles pour leurs camions. Le charme de l'ancien.

Se faufilant autant que son gabarit le lui permettait, le camion de pompiers parvint jusqu'à une petite place. Céleste gara sa voiture à la va-vite et, sans considération pour Ithri, courut en direction du domicile de Troarec. Une fumée âcre flottait dans les rues comme un brouillard menaçant. Plus Céleste se rapprochait, plus la fumée s'épaississait. Elle s'arrêta pour enfiler son brassard de police et rabattit le col de sa parka sur son nez. Un pompier en uniforme lui fit signe de repartir. Elle brandit sa carte de police.

C'est le bruit plus que la vision de la maison en flammes qui la surprit. Un bruit de drapeau qui claque dans le vent, et aussi d'étincelles, comme un feu d'artifice continu. Céleste avait les yeux qui piquaient. Elle se força à regarder la maison de Killian Troarec. Les pompiers avaient fort à faire, empêtrés par le poids de leurs lances, sans échelle télescopique. Leurs moyens semblaient dérisoires devant la violence de l'incendie.

Elle rebroussa chemin et rejoignit la place où se trouvait, elle l'espérait, l'état-major du feu. Ithri ne l'avait pas attendue et il discutait avec un homme d'une quarantaine d'années à l'air poupin.

— Le feu a pris il y a une heure, expliqua-t-il à Céleste. Ils ont réussi à éviter qu'il s'étende aux maisons voisines, mais il est difficile à maîtriser.

— Ça s'est enflammé comme un fagot séché, renchérit le chef de groupe des pompiers. Les voisins nous ont appelés tout de suite.

— Vous avez une idée de l'origine ? demanda Céleste sans grand espoir.

— La voisine nous a dit qu'il y avait un groupe de gens devant la maison, qui criaient et qui menaçaient. Elle pense que l'un d'eux a jeté un cocktail Molotov et que c'est ce qui a embrasé la maison.

Céleste sentit le sang quitter son visage.

— Vous avez vérifié qu'il n'y avait personne ? demanda Ithri avant elle.

Le chef de groupe fit signe que non.

— Impossible d'entrer et, sans grande échelle, c'est trop dangereux. La voisine dit que la serrure avait été remplie de colle. On a essayé, elle est complètement engluée. Remarquez, je ne vais pas le plaindre. Elle m'a dit aussi que c'est le pervers que vous aviez bouclé pour avoir tué la patronne de la biscuiterie. Mme Arnotte sponsorisait les orphelins des pompiers. On se demande bien pourquoi vous l'avez relâché, d'ailleurs.

— Quand est-ce qu'on peut y aller ? demanda Céleste.

Le chef de groupe haussa les épaules.

— Faut attendre que ça finisse de brûler.

— C'est votre stratégie ?

Ithri posa sa main sur le bras de sa chef.

— C'est un cauchemar, un incendie dans la vieille ville, comme ça. J'imagine que ça ne doit pas être évident de le contenir et d'empêcher qu'il gagne les autres maisons, dit-il au pompier.

Le chef de groupe acquiesça. Les explications techniques dont il gratifia les deux policiers leur apprirent une chose : si Killian Troarec était chez lui lorsque l'incendie avait éclaté, il n'avait eu aucune chance d'en réchapper.

Ils durent attendre près de deux heures avant d'être autorisés à s'approcher de la maison. A ce moment, la triste nouvelle était déjà tombée. Il y avait effectivement un corps au deuxième étage. Vu l'état du jardin, ça pouvait aussi bien être un squatteur qui s'était introduit clandestinement. On ne pouvait pas savoir.

Céleste ne se faisait guère d'illusion. Killian Troarec, qui n'avait pas le droit de quitter la région sans prévenir la police, n'avait pas d'autre refuge que sa maison.

16 h 25

Ithri

Pendant que Céleste, près du responsable des pompiers, surveillait les opérations et passait des coups de fil pour essayer de localiser Killian Troarec ailleurs que chez lui, Ithri s'était installé dans la Porsche de la capitaine, portière ouverte et ordinateur sur les genoux, insensible aux odeurs de fumée et au chaos ambiant.

Voisins évacués et badauds se massaient comme autant de voyeurs, et les quelques policiers dépêchés sur place tentaient de les maintenir à distance raisonnable. Pourquoi Anne Arnotte avait-elle légué sa fortune considérable à un homme qui n'en savait rien ? Pourquoi tout désignait-il Killian Troarec ? Quel était le mobile derrière ce crime, si on excluait Troarec ?

Le dos courbé au-dessus de son écran et d'un tableau qui recensait tout ce qu'ils avaient appris jusque-là, Ithri surligna en rouge les pistes qui n'avaient pas encore été explorées et qui pouvaient révéler des secrets. Les secrets étant la meilleure source d'inspiration des criminels.

Peut-être que la question la plus criante concernait Anne Arnotte. Sainte entrepreneuse, sainte amie fidèle, sainte dame patronnesse, amoureuse d'opéra et propriétaire d'un chat, quel était son lien avec les gang-bangs du bout de l'île de Nantes ? Une femme belle, riche, célibataire. Est-ce qu'elle venait regarder ? Est-ce qu'elle venait participer ? Aurait-elle pu y rencontrer Killian Troarec ?

Ithri se retourna. Céleste était toujours plantée à côté du responsable des opérations. Les pompiers se mouvaient avec plus de lenteur, remarqua le jeune homme, moins de précipitation. Un des camions recula en bipant, puis quitta la place.

Les techniciens de l'identité judiciaire n'allaient pas tarder à arriver et un autre ballet, macabre, remplacerait celui des hommes en rouge. Les hommes en blanc et leurs panonceaux, leurs sacs à scellés et leurs appareils photo.

Céleste bougea et son profil se détacha sur la façade sombre des maisons derrière elle. C'était une belle femme malgré les cicatrices, pensa Ithri. Ou était-ce grâce à elles ? Qui aurait ce courage de porter son histoire à fleur de tête ? Il avait eu du mal à trouver. L'information n'était pas directement accessible. Il avait mis plusieurs jours à reconstituer son passé. Qui l'avait autant fasciné qu'horrifié.

Séquestrée dans une cave par un trafiquant de drogue, elle avait été libérée par son groupe d'intervention, qui l'avait découverte menottée au sol, brûlée, balafrée, le bras écrasé et la jambe cassée à coups de marteau. Son agresseur gisait à quelques pas, mort. La gorge arrachée.

Qui aurait pu deviner, à contempler son profil de déesse grecque, qu'elle était capable d'une telle sauvagerie ? *Decipimur specie recti*, nous sommes trompés par l'apparence du bien, se dit-il. Et l'inverse était vrai aussi. Parfois.

La portière côté conducteur s'ouvrit brutalement. Ithri regarda Céleste se glisser dans l'habitacle, les traits tirés. Elle lança le moteur avant même de refermer.

— C'est lui, siffla-t-elle entre ses dents serrées.

Et elle démarra en trombe, faisant voler les gravillons.

19 h 30

Céleste

Céleste s'effondra dans le sofa et raconta à Marie les événements de la journée. La mort de Killian Troarec était sur toutes les ondes. L'auteur de l'incendie était présenté comme un père rendu fou de chagrin par l'assassinat de sa fille et qui s'était donné pour mission de harceler tous les hommes qui menaçaient la sécurité des femmes.

Marie s'assit près de Céleste. Elle sentait le savon au citron et à la noix de coco.

— Tu dois tellement t'en vouloir.

Céleste hocha la tête. Elle avait beau s'être lavé les mains, l'odeur de suie avait imprégné ses vêtements, et le moindre mouvement de sa part la faisait remonter.

— Il y a quelque chose de pas net chez cette femme. D'un côté, tout le monde chante ses louanges, personne n'a le moindre reproche à lui faire – à part Troarec, qui la trouvait trop dans la retenue –, et d'un autre côté, on tombe sur ces trucs qui ne cadrent pas du tout avec son personnage, comme la fille qui a été brûlée vive…

— Tu penses qu'elle a quelque chose à voir avec ça ?

— Je n'en sais rien. Mais ça s'est passé dans son entourage.

— L'enquête de voisinage n'a rien donné ?

— Non. Les gens de l'immeuble n'ont rien vu, rien entendu, ni samedi soir ni jamais. C'était une voisine très calme, très comme il faut. Ils la croisaient, bonjour-bonsoir, et c'est tout. Elle était super lisse. A part ses tatouages. Et son testament.

— Autrement dit, tu n'as pas de mobile.

Céleste se leva brusquement et une bouffée d'odeur de feu lui monta aux narines.

— A part cette histoire de testament, non, je n'ai pas de mobile.

Elle se baissa pour délacer ses bottes.

— Mais c'est trop gros, Marie.

— Qu'est-ce qui est trop gros ?

— Elle fait un testament qui change du tout au tout, dans lequel elle lègue sa fortune à un type qui prétend ne pas la connaître, et sa mort n'aurait aucun rapport avec ça ? Je ne peux pas le croire.

Sa botte gauche résistait. Céleste tira sur les lacets pour ouvrir davantage la chaussure. Ses chaussettes étaient trop basses et le cuir avait dessiné des entrelacs sur ses mollets.

— J'ai juste un assemblage de faits hétéroclites. La culpabilité de Troarec, ça collait super bien.

— Avec tout ?

— Et la substitute qui devait m'envoyer son alibi et qui ne l'a pas fait.

— Tu as confiance en elle ?

Une vague de culpabilité envahit Céleste. Marie et elle avaient l'habitude de tout se raconter. Elles n'avaient pas fait de mystère autour de la vie qu'elles avaient eue avant de se rencontrer – surtout Marie, il fallait bien l'avouer. Le fait qu'elle avait tu son amour passé pour Jeanne troublait Céleste, et le fait qu'elle n'ait aucune intention d'en parler la troublait encore plus.

Elle fourra ses chaussettes dans ses chaussures.

— Je vais prendre une douche, dit-elle.

Ce n'est qu'une fois arrivée dans le couloir qu'elle se rendit compte qu'elle n'avait pas répondu à Marie.

Celle-ci avait raison. Elle n'avait rien d'autre que la parole de la magistrate pour disculper Troarec.

Et si elle s'était trompée ?

7

Samedi 1er juin

7 h

Céleste

— Capitaine Ibarben… bar-ben-go-et-xea ?

Céleste retomba sur son oreiller en murmurant un « oui » ensommeillé. Elle se frotta les yeux, le visage, et repoussa la couette. L'air frais du petit matin lui fit du bien. Elle étira lentement ses jambes, caressa sa peau nue couverte de chair de poule. Marie, allongée sur le ventre, grogna un peu et se retourna.

— C'est la police suisse à l'appareil.

— Vous êtes drôlement matinaux, dites-moi.

— C'est que…

A l'autre bout, le policier hésita sur les mots.

— On a eu un témoignage hier soir, rapport à une affaire en cours. Une dame Arnotte.

A la mention du nom de l'industrielle, Céleste se redressa. Dans la pénombre, elle se dirigea à pas de loup vers son armoire et, le téléphone coincé entre l'épaule et l'oreille, entreprit de s'habiller. L'appareil tomba sur la moquette avec un bruit mat, illuminant tout autour de lui. Céleste se maudit de ne pas avoir pensé à allumer la torche.

— Je vous écoute, officier, dit-elle tout en saisissant un tee-shirt et un pantalon.

En culotte et soutien-gorge, le reste des vêtements coincé sous un bras, elle ouvrit doucement la porte de sa chambre.

— Un individu est venu nous trouver. Il nous a dit qu'il avait des révélations à faire sur une enquête dont vous vous occupez. Le décès d'Anne Arnotte, c'est bien ça ?

Céleste retint la poignée de la porte. Parfait, pas un bruit, pas un grincement.

— C'est bien ça, oui.

Céleste rejoignit silencieusement le salon tandis que le policier suisse lui expliquait que, la veille, un éminent psychiatre qui habitait la ville était venu faire une déposition. Assise dans le salon, elle se demanda s'il était courant, pour les citoyens suisses, de témoigner spontanément ou s'il s'agissait d'une démarche extraordinaire.

— J'ai… j'écoute la radio française en trajet, pour hum… eh bien, pour perfectionner mon français.

Son accent sentait bon les montagnes fleuries et Céleste ne voyait pas très bien ce qu'il pouvait améliorer. Il continua :

— J'ai entendu qu'ils parlaient de cette dame Arnotte donc… donc au lieu d'attendre lundi pour tout vous envoyer par la voie officielle, j'ai pensé… Enfin voilà, j'ai appelé votre commissariat et quelqu'un m'a dit qu'il valait mieux que je vous appelle sur votre Natel… sur votre téléphone portable.

— Vous avez bien fait.

— Alors voilà, je… euh, je peux vous envoyer le procès-verbal par e-mail, si vous voulez…

— Vous voulez me résumer ce qu'il y a dedans, avant ?

— Alors voilà… Ce témoin, le docteur Sidler, nous a dit que Mme Arnotte lui a été amenée par sa mère à la fin du mois de juin 1987. Il travaillait comme psychiatre dans une clinique spécialisée dans les cures de désintoxication.

— De drogues ?

— Drogues, alcool, un peu toutes les addictions, a-t-il dit. Lui s'occupait spécifiquement des adolescents et des jeunes adultes toxicomanes. Mlle Arnotte consommait de la kétamine. Apparemment, l'ecstasy était assez rare, et la cocaïne très chère, à l'époque. Enfin, c'est ce que nous a dit le docteur Sidler.

Kétamine. Céleste se figea. Le rapport toxicologique indiquait une concentration de kétamine supérieure à la normale, la légiste avait évoqué des lésions en rapport avec une utilisation prolongée de cette drogue. Est-ce qu'elle avait continué à en consommer ?

— Est-ce qu'il a réussi à la traiter ? demanda-t-elle prudemment.

— Oui. D'après le docteur Sidler, la kétamine n'est pas une drogue avec un fort pouvoir d'accoutumance. La dépendance est plutôt psychologique.

Céleste ne voyait toujours pas pour quelle raison le docteur Sidler avait jugé important d'apporter spontanément son témoignage aux autorités ni ce qui justifiait qu'on la réveille à 7 heures un samedi matin, mais elle ne voulait pas brusquer son interlocuteur.

— Enfin bref, poursuivit le policier. La raison pour laquelle le docteur Sidler est venu nous voir, c'est parce qu'il pensait qu'Anne Arnotte avait été… enfin… qu'elle avait subi…

Les réticences du policier devenaient douloureuses pour Céleste, qui se leva brusquement et sortit sur la terrasse. La lumière se répandait doucement alors que le soleil s'apprêtait à poindre, l'air était moelleux. Elle leva la main comme pour le caresser, attraper un peu de cette quiétude, le premier rayon du soleil peut-être. Puis elle la laissa retomber. Ce soleil, Killian Troarec ne le verrait plus jamais – elle ne pouvait pas s'empêcher de se sentir responsable.

— Est-ce qu'elle avait subi des violences de nature sexuelle ?

— Oui, répondit son interlocuteur avec soulagement. Surtout, le docteur Sidler pense que ces violences avaient été soignées, parce que la mère de Mme Arnotte a expliqué qu'elle avait déjà vu un médecin et que son rôle, le rôle du docteur Sidler, je veux dire, devait se borner à celui de psychiatre et que si par malheur sa fille avait encore besoin de voir un médecin, qu'on la prévienne… C'est un médecin réputé, répéta-t-il après un instant de silence. Il semblait très touché par cette histoire. Ils ont l'habitude de venir nous voir quand il y a un problème avec un de leurs patients.

Céleste apprit que la clinique où officiait autrefois le docteur Sidler était réservée aux personnes les plus fortunées de la planète. Toutes les dépendances étaient traitées, alcoolisme, toxicomanie, addiction médicamenteuse, troubles alimentaires, dépendance sexuelle ou aux jeux d'argent. Tout cela pour 80 000 francs suisses par semaine. Les thérapies duraient en général de quatre à huit semaines, mais Anne Arnotte était restée quatre mois.

— Quel était le problème avec elle ?

— Multifactoriel, nous a dit le docteur Sidler. Elle résistait au traitement. Plus exactement, elle refusait de parler… Les personnes du ménage ont alerté le docteur Sidler à cause du sang qu'elles retrouvaient sur le linge au niveau de… eh bien, au niveau du pubis. Le docteur Sidler était très perturbé lorsqu'il est venu nous trouver, à cause du secret professionnel…

— C'est pareil chez nous.

— Je… je peux vous lire sa déposition ?

— Faites, faites.

Céleste s'assit par terre, sur le carrelage de la terrasse, pour écouter le policier. Elle n'aurait pas aimé être à la place du médecin. Elle n'aurait pas aimé être à la place d'Anne Arnotte. Parfois, tout connaître de la vie des gens vous aide à vous sentir reconnaissant de la vôtre.

Anne

Au début, j'ai dessiné le tatouage sur un coin de papier, puis j'ai amélioré mon dessin, j'ai essayé de le graver sur mon ventre avec la pointe d'un compas. L'infirmière s'en est rendu compte. L'infirmière-chef est venue me voir. Elle a voulu savoir pourquoi je faisais ça. J'étais incapable de lui répondre. Quelque chose en moi voulait que ma plaie soit exposée et que je n'oublie pas.

J'étais cassée.

Brisée.

En morceaux.

Le seul moyen de me rassembler, c'était de penser au marteau qui s'était abattu sur le vase de ma vie. Si j'y pensais suffisamment, si je retrouvais le marteau, je pourrais reprendre le contrôle. Pour le moment, j'étais coincée ici. Avec tout un personnel payé, formé, autorisé à effacer de mon cerveau tout ce qui dérangeait Mère. Si je les laissais faire, ils me répareraient pour lui plaire, pour servir de bonne épouse, qui pondrait à intervalles réguliers une armée de marmots qu'elle élèverait selon les principes stricts de la bourgeoisie qui m'avaient été inculqués.

Plutôt crever.

Je retrouverai ce marteau. Je le retrouverai et je l'écraserai. Et tous les morceaux épars qui constituaient ce moi plein de vie et plein de joie pourront reprendre leur place.

L'infirmière-chef m'a dit que je l'avais beaucoup déçue et que je n'aurais plus droit à aucun objet pointu ou coupant.

La voix de ma mère. En bon soldat conditionné, j'ai fait ce que j'avais appris pendant toute ma vie. Je me suis recroquevillée loin, loin dans ma coquille, comme un bernard-l'ermite, si tassé qu'on pense que la coquille est vide. J'ai souri, j'ai acquiescé, j'ai plaisanté, j'ai demandé à m'occuper des autres, j'ai raconté ce qu'on attendait de moi, le vide et l'ennui de ma vie de gosse de riches, la drogue, les dérapages, la dépendance, et non, je ne recommencerais pas. J'ai bien travaillé, je me suis bien appliquée.

Et pour rendre tout ça supportable, tous les soirs, je me griffais l'intérieur de la chatte jusqu'à ce que je saigne. Pour ne pas oublier la douleur, pour ne pas oublier qu'un jour je me vengerais, qu'un jour celui qui m'avait fait ça allait payer, pour ne pas oublier qui j'étais, un jouet cassé et sali et brisé que j'allais réparer dans le sang d'un autre, parce que je suis forte, parce qu'à la fin je gagnerai.

Fake it until you make it.

J'ai étudié, trouvé un travail, je me suis intégrée. Pour un peu, j'aurai tout oublié, sauf la sensation lancinante de n'être pas entière. Je n'avais pas de petit ami et l'idée même me faisait horreur. Penser à ma vie d'avant me faisait horreur. Je suppose qu'à force de ne plus y penser les souvenirs fanent, tombent, s'effacent. Au moins en apparence.

Un jour, Père est mort. Mère m'a écrit. « Ton père est mort. Reviens. »

Tout à coup, je suis devenue incapable de garder la moindre nourriture. Je me suis mise à tout vomir, à maigrir, à faire peur. « Vous êtes bloquée de partout », m'a dit le médecin. Je suis allée voir un psy, qui m'a donné ce qu'il fallait pour me détendre, m'abrutir, me relever le matin. Je suis allée voir un maître reiki, qui a touché du doigt les cicatrices sur mon ventre, et je me suis souvenue qu'il y avait eu quelque chose d'autre que la drogue pour que Mère m'envoie à la clinique. Et ce quelque chose avait peut-être à voir avec mon refus qu'on me touche. Là.

J'étais si mal que j'ai essayé, de nouveau, de baiser, mais je n'ai pas été capable. J'ai payé, j'ai fermé les yeux, mais la panique prenait le dessus et, avant que quoi que ce soit m'approche, je m'enfuyais.

Je suis devenue une épave. Je perdais pied et je ne savais pas à quoi me raccrocher. Mes amis sont partis peu à peu, fatigués de mon hystérie, fatigués de mon obsession à comprendre pourquoi je ne mangeais plus, pourquoi je ne baisais pas, pourquoi je ne dormais plus. Je passais mes nuits à griffonner fiévreusement ce qui me venait à l'esprit, des dessins tellement éloignés de mon quotidien qu'ils m'effrayaient, une fois le matin revenu. Il me semblait n'être plus qu'une plaie. Je me suis souvenue des cicatrices que le maître reiki avait touchées et j'ai trouvé un tatoueur pour les faire revivre.

Lorsque j'ai vu le tatouage terminé, dans le petit cabinet noir du maître irezumi, tout m'est revenu d'un coup. Le bras tatoué. La voix. La douleur. Le sang sur mes jambes.

Et puis Mère est morte. Elle est morte au moment exact où je posais le pied dans un avion pour retourner à Nantes.

Je le retrouverai. J'écumerai les salons de tatouage, j'engagerai un détective privé. Et pour ne pas oublier de nouveau, je vais rendre ce pacte avec moi-même ineffaçable. Je le graverai dans ma chair.

Tous les jours, je me souviendrai de me venger. Tous les jours, en voyant les tatouages qui me recouvriront le corps, je me souviendrai que je suis forte. Que j'ai survécu ! Et que je retrouverai le marteau.

Et que je le broierai.

9 h

Céleste

Lorsque Céleste et Ithri débarquèrent, Virginie Chedet était seule dans le Foyer. Occupée à éplucher une montagne de carottes, elle salua les deux policiers d'un mouvement du menton.

— Vous m'excuserez si je fais pas la jeune fille de la maison, mais j'ai une tonne de boulot et Inès est pas venue depuis deux jours, pauvre petiote.

— Elle est très affectée par la mort de Mme Arnotte ? demanda Ithri.

Il regarda autour de lui et, avisant un pot de couverts dans un coin, saisit un économe. S'emparant d'un tablier suspendu près des frigos, il le passa au-dessus de sa tête et le noua rapidement dans son dos. Il se lava les mains, vint se placer près de Virginie et, attrapant une carotte, se mit à la peler. Tout cela n'avait pas pris une minute et il en fallut plus à la responsable pour réaliser qu'elle avait gagné deux bras supplémentaires le temps qu'elle réponde aux questions.

Céleste n'avait pas bougé. Solidement plantée sur ses jambes, bras croisés sur la poitrine, elle avait le visage fermé. « Je veux des réponses », avait-elle proféré en claquant sa portière au point de faire vibrer la voiture. « Laissez-moi essayer », avait demandé Ithri d'une voix calme. Elle avait accepté.

— C'était sa meilleure amie, Anne. Et elle vient de traverser une épreuve très difficile, Inès, mais je sais pas si je peux vous le dire, expliqua Virginie avec un soupir.

S'efforçant de ne pas penser à la mort ignominieuse de Killian Troarec, Céleste concentra son attention sur l'étrange duo. Connaître les états d'âme d'une petite-bourgeoise contrariée par la disparition d'une de ses copines n'allait pas faire avancer l'enquête, songea-t-elle. Ne pas penser. Ne pas se répéter que ce gâchis aurait pu être évité. Si elle n'avait pas laissé faire, Killian Troarec serait encore vivant. Décidément, elle semait la mort et la désolation sur son passage.

Se concentrer sur le moment présent. Ithri pelait rapidement les carottes.

— Vous êtes marié ? demanda Virginie à Ithri.

Le jeune homme eut un sourire triste.

— Non, même pas fiancé ou quoi que ce soit d'approchant.

— Un beau gars comme vous, elles doivent se battre, pourtant, les filles. Vous préférez les garçons ?

Les joues d'Ithri rosirent. Non, non.

Désignant Céleste de son économe, Virginie demanda :

— Et vous, vous êtes mariée ?

Céleste opina en silence.

— Ça fait longtemps ?

— Je la connais depuis vingt-cinq ans.

— Alors vous pouvez comprendre. Elle s'est fait quitter par son mari, Inès. Un beau petit couple bien parfait, qu'ils formaient tous les deux. Barbie et Ken, qu'on les appelait. Il venait la chercher tous les soirs qu'elle travaillait ici. Et puis elle a reçu des photos de lui avec une rousse. Il a dit que c'était vrai et il est parti. Dévastée, qu'elle était, la p'tite Inès. Et maintenant, sa meilleure amie…

Une rousse ? Il était souvent fait mention d'une rousse, dans cette affaire. Céleste adressa une moue compatissante à Virginie et dit, après avoir jeté un coup d'œil à Ithri :

— Virginie, on a appris qu'il se passait des choses, pas loin d'ici, le samedi soir.

Le visage de Virginie se renfrogna.

— Je sais. Ils m'ont dit.

— Qui ça ?

— Les SDF, qui vous voulez d'autre ? C'est pas Anne ou Inès qui seraient venues me raconter ces trucs-là !

— Vous savez ce qui s'y passe ?

Virginie accéléra sensiblement son rythme d'épluchage.

— Vous voulez nous le dire ? insista Céleste.

Virginie s'était voûtée au-dessus du plan de travail. Elle plaqua brusquement ses mains sur l'inox et son économe fit un bruit sec en heurtant le métal.

— Des saloperies, voilà ce qui s'y passe. Pourtant, des merdes, dans ma vie, j'en ai vu. La déchéance, je sais ce que c'est. Mais là…

Le menton tremblant, elle se remit à peler sa carotte avec une telle énergie que le légume se cassa en deux.

La porte d'entrée s'ouvrit subitement, heurtant le mur. Céleste sursauta et fit volte-face.

Un homme, pieds nus dans des claquettes, s'immobilisa sous le regard que les deux femmes braquaient sur lui. Céleste n'aurait su dire son âge. Entre trente-cinq et cinquante-cinq. Ses cheveux châtains coupés au bol grisonnaient à peine. Vêtu d'un jogging et d'un blouson de sport bicolore sous lequel il était torse nu, il avait le visage marqué par l'alcool et la rue. Céleste se détourna. C'était le SDF qu'ils avaient croisé la fois précédente.

— Qu'est-ce que tu veux, Jérôme ? demanda Virginie.

Elle avait la voix encore pleine de dégoût et elle se reprit immédiatement, sur un ton plus doux :

— Je suis en train de faire ma mise en place pour ce soir.

— Vous êtes là pour la mort de m'dame Anne ?

— Oui.

— Vous cherchez qui c'est qu'a fait ça ?

L'homme considéra Ithri, debout derrière le comptoir. Ithri fit signe que oui. L'homme longea lentement le mur. Ses claquettes chuintaient sur le carrelage.

— Vous croyez qu'ça a un rapport avec le cul du samedi ?

— Oh ! Jérôme ! intervint Virginie. Parle pas comme ça.

L'homme la toisa.

— C'était p't-êt' pas une sainte, m'dame Anne, mais c'était une dame. Et moi, j'veux pas qu'son assassin s'échappe. J'veux aider la police.

— Comment ça, « pas une sainte ? » demanda Ithri.

— Va pas te mettre à raconter des cochonneries sur Anne, le menaça Virginie en brandissant son économe.

Jérôme recula, dos au mur, et partit s'asseoir dans un coin du réfectoire. Virginie s'appuya au plan de travail en secouant la tête.

— Qu'est-ce que vous craignez qu'il raconte ? demanda Ithri à mi-voix.

— Vous avez déjà travaillé avec des SDF ? répondit Virginie à brûle-pourpoint.

Elle reprit son ouvrage. La pile avait bien diminué.

— Non, répondit Ithri.

— Ceux qui sont à la rue depuis longtemps, comme Jérôme, on croirait parfois que leur cerveau est atteint par toute la crasse dans laquelle ils vivent. Ils développent une espèce de fascination pour le pire, pour le sale. Je ne sais pas si c'est leur manière de se dire qu'ils ne sont pas tout en bas de l'échelle sociale. Jérôme, il vient là depuis l'ouverture. Il boit, il boit des quantités que vous pouvez pas imaginer. C'est un gentil garçon. Mais il a le cerveau rongé par l'alcool. On a essayé, avec Anne, de l'aider à s'en sortir. Il y a une chambre pour lui au Bercail. Il y va, mais il arrive bourré les trois quarts du temps.

Virginie poussa un gros soupir. Elle interrompit son geste et lorgna brièvement Ithri, puis Céleste.

— J'en sais pas plus, sur les partouzes du samedi.

— Vous connaissez des gens qui participent ?

— Des gens qui participent ?

Virginie paraissait presque offensée par la question.

— Ou qui regardent…

— La belle différence… Je vous envie pas, d'être obligés de vous intéresser à des saletés pareilles. En prison, on en voit, de ces choses. Les filles qui se font violer, les filles qui s'occupent ensemble. Mais là… Qu'est-ce qu'elles cherchent, celles-là ? Pour rien ? Faut-y pas être malade pour s'faire démonter comme ça !

— Et Mme Arnotte ?

Cette fois-ci, Virginie en laissa tomber carotte et économe, avant de rugir :

— Quoi, Anne ? Vous allez pas vous y mettre vous aussi !... C'était une bienfaitrice, Anne, une femme qui donnait son argent et son temps. Vous pouvez être certaine que si elle avait su ce qui s'y passait, elle aurait mis un terme à tout ça. Personne osait lui en parler, oui !

Céleste vit Ithri poser son économe et saisir un torchon pour s'essuyer les mains. Portant toujours son tablier, il quitta la cuisine et se dirigea vers la salle de réfectoire. Céleste resta concentrée sur Virginie.

— Et vous croyez que personne ne lui en a parlé ?

— Pourquoi qu'on lui en aurait parlé ? Vous croyez pas qu'elle en avait assez sur son paletot, avec les SDF et les prisonniers ? C'était une reine, Anne. Tout le monde lui parlait avec respect. Personne aurait osé lui raconter des trucs pareils. C'est même pas de la prostitution, ce qui s'y passe. Les pauvres filles qui se vendent, on peut comprendre, elles peuvent pas faire autrement. Mais celles-là... elles viennent exprès... elles viennent parce que... parce qu'elles aiment ça.

Virginie se cramponnait au rebord du plan de travail. Elle avait le visage rouge et tout son être tremblait d'indignation.

Céleste allait lui demander si la police était venue les voir, lorsque la porte du foyer s'ouvrit une nouvelle fois pour laisser entrer Inès Fauré, les cheveux attachés à la diable en une queue-de-cheval juvénile.

Elle s'immobilisa.

— Ça tombe bien que vous soyez là, dit-elle en s'adressant à Céleste après un silence. J'ai quelque chose qui peut vous intéresser.

Inès tira une chaise et s'attabla avec Céleste et Virginie. Elle était retournée à sa voiture et en était revenue avec une grosse chemise en carton qu'elle avait posée sur la table. Ithri sortit en même temps, accompagné de Jérôme.

La jeune femme avait une tête à faire peur. Des cernes violets soulignaient ses yeux sombres, qui paraissaient plus petits que dans le souvenir de Céleste. Des mèches rebelles rebiquaient de part et d'autre de son visage. Malgré cela, elle parvenait à être encore spectaculaire.

— Je souhaite compléter ma déclaration, dit-elle à Céleste.

Virginie fit mine de se lever, mais Inès l'arrêta d'un geste.

— Non, Virginie, il faut que tu entendes ça.

Elle s'adressa à Céleste :

— Je vous ai dit que mon amie était une sainte et qu'il était impossible que qui que ce soit lui en veuille. Je crois que je me suis trompée. Beaucoup de gens auraient pu lui en vouloir. Et elle, elle cherchait quelqu'un. Dans cette chemise, vous allez trouver les rapports d'une détective privée sur toutes les personnes de l'entourage d'Anne, toi et moi y compris, Virginie. Tous nos sales petits secrets sont là-dedans.

— Vous croyez qu'elle faisait du chantage ?

Inès secoua la tête. Elle relata aussi précisément que possible ses entretiens avec Mélisande Jacquet et

Caroline Mignon, l'ancienne meilleure amie, avant de conclure :

— Autrement dit, on a une jeune femme pleine de vie qui disparaît en Suisse du jour au lendemain, puis réapparaît des années plus tard. A ce moment-là, personne ne peut l'approcher sans faire l'objet d'une enquête. Elle charge la détective de lui trouver un homme qui aurait un défaut de langage et un tatouage en forme de triple triskèle sur le bras et qui aurait pu se trouver dans la région à la fin du mois de juin 1987. Autant vous dire qu'avec une description aussi peu précise la détective privée n'a pas trouvé cet homme.

Céleste tressaillit. Les questions se bousculèrent dans son esprit, mais elle savait d'expérience que, pour obtenir une réponse, elle devait se limiter à une question :

— C'est Killian Troarec ?

Inès opina du chef.

— C'est ce que l'enquêtrice suppose, mais Anne ne lui a jamais formellement demandé de cesser ses recherches. Seulement d'enquêter à fond sur un nouveau fournisseur qui venait de passer vingt ans aux Etats-Unis.

— Ce qu'elle a fait ?

— Ce qu'elle a fait.

— Le rapport est dans le dossier ?

— Oui. Vous n'allez rien apprendre, tout a été révélé par la presse.

— Oh ! s'exclama Céleste. Vous voulez dire que…

Inès hocha la tête.

— Oui.

— Qui y avait accès ?

— Je ne sais pas, répondit Inès. Mélisande travaille seule et elle prétend que les rapports sont supprimés dès qu'elle en a délivré une copie au client. Elle ne conserve que les ordres de mission. Anne a réceptionné chaque rapport personnellement.

— Et où les avez-vous retrouvés ?

— Au fond d'un carton, dans une maison où elle allait très peu et dont elle m'a fait don.

Inès expliqua rapidement les circonstances dans lesquelles elle en avait pris possession. Céleste avait mal à la tête, comme si elle pouvait physiquement sentir les rouages de son cerveau fonctionner dans tous les sens, à toute vitesse. Le notaire leur avait dit qu'Inès et la gouvernante héritaient de biens immobiliers. Est-ce que les rapports avaient été laissés là exprès ?

Céleste allait ajouter quelque chose, puis se ravisa.

— Ce tatouage, demanda-t-elle. Elle vous a dit ce que c'était, la détective ?

— Un truc d'école militaire. Un tatouage de frère de promo, quelque chose comme ça. Rien d'officiel.

— Saint-Cyr ?

— Oui, c'est ça, Saint-Cyr. Mais c'est un symbole breton assez banal, le triskèle, donc elle a mis du temps avant de l'identifier. Et puis, ensuite, l'armée, c'est assez secret…

Ou alors la détective avait compris qu'elle avait mis la main sur la poule aux œufs d'or et avait fait bien attention à ne pas trouver l'objet de ses recherches, songea Céleste.

— Vous avez une idée de ce qui s'est passé avant qu'Anne disparaisse en Suisse ? demanda Céleste à Inès.

— Non.

— Et votre mari ?

— Il me dit qu'il ne se souvient pas, qu'à cette époque il ne voyait plus guère le groupe.

— Le groupe ?

— Ses autres copains, Lucas et Xavier.

— Merci pour votre aide, madame Fauré.

— Je n'ai pas fini.

La chaise racla le sol lorsque Céleste se rassit en s'efforçant de masquer l'expression de son visage. Elle ne savait que penser et voulait mettre ses idées au clair.

— Ce qui m'a étonnée, en fait, ce n'est pas seulement ce que j'ai trouvé, continua Inès avec réticence.

Elle hésita.

— Nous explorons toutes les pistes, l'encouragea Céleste, presque mécaniquement.

— Ce qui m'a étonnée, reprit-elle, c'est aussi ce qui manquait. Tous les secrets des uns et des autres, quarante rapports sur quarante personnes, même Garance, la réceptionniste du Foyer, y est passée – elle picole en douce, d'ailleurs, Virginie, il faudra la garder à l'œil. Et rien sur son notaire, dépositaire de ses secrets à elle.

Céleste avança la main par réflexe vers la pile de papiers.

— Vous pouvez vérifier, continua Inès. Je les ai épluchés trois fois. Il n'y est pas. Et d'après la détective il est un des premiers sur lesquels Anne ait enquêté.

La tête de Céleste pivota à toute vitesse lorsque Ithri surgit dans le Foyer, très agité.

— Patron, vous pouvez venir ?

9 h 30

Ithri

Jérôme avait trente-cinq ans. Il n'avait pas d'illusions sur lui-même, il était dans la rue depuis trop longtemps, et, désocialisé, alcoolique et dénutri, il n'espérait plus grand-chose de la vie. Mais cela ne l'empêchait pas d'avoir lui aussi ses petits moments de bonheur, expliqua-t-il à Ithri pendant qu'ils étaient encore dans la cafétéria du Foyer. Par exemple, quand il buvait un bon coup de gnôle. Ou quand il fumait une cigarette.

Ithri avait compris le message. Avec un clin d'œil et un sourire, il entraîna son compagnon vers l'extérieur. Les deux hommes traversèrent la rue et s'avancèrent sur le parking. Là, Ithri ouvrit sa besace, en sortit un paquet de Marlboro tout neuf et présenta une cigarette à Jérôme, qui s'en saisit avec une rapidité étonnante.

— Raconte-moi, dit sobrement le policier, pris d'une intuition. Elle participait ou elle matait ?

Il osait à peine y croire lui-même, tant l'idée, sans parler des images qu'elle faisait naître, le dérangeait.

Jérôme s'assit sur un rocher déposé là par un engin de chantier et inhala profondément la fumée. Il hocha la tête d'un air appréciateur et, les yeux perdus dans le vague, répondit :

— Elle était là à chaque fois. Elle se mettait derrière le bateau, et elle attendait.

Il se remit à tirer sur sa cigarette, à petits coups, jusqu'à ce qu'il en ait plein les poumons. Le bout devint incandescent. Ithri sortit de nouveau son paquet et tendit cinq cigarettes au SDF.

— Et toi, tu matais ou tu participais ? demanda-t-il.

Jérôme était d'une saleté repoussante. Le fait d'avoir au Bercail des douches et même une laverie ne lui était d'aucune utilité. Symptôme d'alcoolisme chronique.

— C'est pas ce que vous croyez, se défendit Jérôme. M'dame Anne, c'était vraiment une bonne personne. Elle disait que même les SDF devaient avoir droit de tirer leur coup.

Ithri frémit. Il espéra se tromper, avoir mal compris.

— Bien sûr. Mme Anne payait des professionnelles, qui venaient ?

Jérôme lui jeta un regard torve derrière sa fumée de cigarette.

— Pourquoi tu veux qu'elle paye des professionnelles pour venir, m'dame Anne ?

— Eh bien, pour… pour que les SDF puissent tirer leur coup.

— Tu m'écoutes, quand j'parle, ou quoi ? Je t'ai dit que M'dame Anne, elle était là pour nous. Et elle avait toujours une copine qui venait aussi, pour les autres.

— Quels autres ?

Mme Arnotte venue les soutenir en les regardant ? Une version porno de *Freaks* pour bourgeoises blasées ?

Jérôme s'énerva et fit tomber sa cigarette, qui roula jusqu'à une flaque d'eau où elle mourut en grésillant.

— Ah ben voilà ! marmonna-t-il en se levant brusquement.

Il se baissa pour essayer d'attraper le mégot détrempé. Ithri alluma en hâte une cigarette et la lui présenta en lui donnant un petit coup sur l'épaule. Jérôme se redressa en vacillant sur ses jambes. Désignant la direction de la grue jaune, il expliqua, d'un ton exaspéré :

— M'dame Anne, elle venait et elle se mettait là-bas, là où la balafrée a dit, près des hangars. Elle se mettait près du bateau en bois, celui qu'a des trous. Pour pas qu'on la voie depuis les immeubles. Et elle disait qu'elle faisait don de son corps.

Ithri se sentit rempli d'un grand froid. Est-ce qu'il avait bien entendu ?

— On se mettait en rang, avec les copains. On avait le droit de faire c'qu'on voulait. On pouvait l'enculer ou juste la fourrer. Les vieux, y demandaient souvent une pipe ou alors y mettaient les doigts. Elle disait qu'aucun don n'était trop sale.

Contemplant les doigts crasseux de l'homme qui s'accrochait à sa cigarette, Ithri sentit de la bile lui remonter le long de l'œsophage. Les yeux de Jérôme étaient injectés de sang. Il tremblait en portant la cigarette à ses lèvres. Ithri déglutit péniblement. Il se souvenait de la propreté immaculée de l'appartement d'Anne Arnotte, de son peignoir en soie, de ses orteils peints. Ça ne pouvait pas être vrai. Jérôme devait fantasmer.

— Tu m'crois pas ? demanda Jérôme. Tu t'dis toi aussi que j'ai le cerveau bouffé par l'alcool ?

Ithri ne sut quoi répondre et contempla ses chaussures. La poussière avait terni le cuir et son pantalon avait trois taches près de la cheville. Il pensa qu'il avait les pieds propres. Son regard dévia vers ceux de Jérôme. Les ongles en deuil depuis si longtemps que la crasse avait dû s'y incruster. Des traces noires suintaient entre ses orteils. Ithri se demanda depuis combien de temps il ne s'était pas lavé.

— Elle avait des tatouages, dit Jérôme, ce qui fit relever brusquement la tête à Ithri. Des grands tatouages sur le ventre et sur les jambes. Des têtes de monstres, avec des dents jaunes et des yeux rouges. Un marteau et un vase. C'est la vengeance, qu'elle disait. Tu m'en redonnes ?

Abasourdi, Ithri tendit le paquet à Jérôme. Il se sentait sale d'avoir écouté son témoignage. S'efforçant de faire le vide dans son esprit, d'inspirer par le nez et de souffler par la bouche, de ressentir le soleil sur sa peau et le vent dans ses cheveux, il se prit à espérer qu'il ne s'agisse que d'un mauvais rêve sorti de l'esprit dérangé d'un alcoolique dépravé. Il savait qu'il se mentait à lui-même, mais ça l'aidait à apprivoiser une réalité bien plus dégueulasse que tout ce qu'il avait pu voir, entendre ou imaginer jusque-là.

Il s'appuya contre la rambarde qui longeait le fleuve, respirant à pleins poumons les remugles de la marée descendante. Tout plutôt que ce que son imagination lui envoyait comme images et comme odeurs. Il se laissa caresser par le vent aussi longtemps que nécessaire pour reprendre ses esprits et accepter l'idée que

Mlle Arnotte, si blonde, si pure, si respectée, si adulée, même, se soit offerte aux épaves de la société en les laissant l'utiliser comme un objet.

La sonnerie de son téléphone le détourna de ces pensées morbides. C'était la préfecture. Comme on était samedi, c'était forcément super important.

— Lieutenant Maksen ? Je viens de vous envoyer les statuts du fonds de dotation Bellanger par e-mail, fit une voix à l'autre bout du fil. Compte tenu du décès de la présidente, c'est le numéro deux du conseil qui va la remplacer. La procédure est automatique.

— Merci. Qui est ce numéro deux ?

— M. Xavier Guilbaud. En revanche, je n'ai pas ses coordonnées.

— C'est bon, merci, je les ai.

Ragaillardi, Ithri Maksen se retourna, prêt à traverser le parking dans l'autre sens. Ses yeux s'écarquillèrent.

10 h

Katell

— La capitaine Ibar est ici ?

Mélanie releva la tête du tableau des roulements à l'accueil et un sourire lui monta naturellement au visage.

C'est Katell qui répondit :

— Je ne l'ai pas vue, mais elle est peut-être arrivée plus tôt. Voulez-vous que j'appelle le service ?

La substitute hocha la tête. Elle n'avait pas l'air dans son assiette. Malgré la chaleur, elle portait un chemisier à manches longues et jabot. Son regard ne se fixait sur rien ; elle serrait et desserrait convulsivement les poings et son corps était aussi rigide que celui d'une momie.

Katell fit signe que non, alors que le téléphone sonnait dans le vide. Elle raccrocha et composa rapidement un nouveau numéro.

— C'est Katell, est-ce que la capitaine Ibar est là ?… Ouais, c'est ça… Non ? Bon, OK… Non, non, c'est bon, je l'ai… C'est ça…

Elle raccrocha avec un air dépité.

— Non, elle est partie il y a dix minutes. Vous avez son portable ?

La substitute jeta un coup d'œil derrière elle et répondit précipitamment :

— Oui, oui, j'ai son numéro.

— Vous voulez parler au commissaire ? proposa Katell. Lui, je sais qu'il est là. Et une fois qu'il est arrivé, il ne sort pas de son bureau, ajouta-t-elle avec un petit rire pour détendre l'atmosphère.

— Non, répondit Jeanne. Je vais attendre… je vais attendre dans ma voiture.

— Je ne sais pas pour combien de temps elle va en avoir, insista Katell. Vous ne voulez vraiment pas qu'on l'appelle sur son portable ?

Jeanne Destouches refusa d'un geste. Elle fit demi-tour et prit la direction de la sortie du commissariat. Katell eut l'impression qu'elle boitait un peu.

10 h 03

Céleste

— On dirait la voiture de Troarec, non ?

Ithri n'était pas peu fier d'avoir repéré la Porsche au milieu de cette mer de véhicules garés sur le parking au bas de la grande grue. Sa couleur pâle et sa faible hauteur la cachaient, d'autant plus que la capote était installée. Il en avait fait le tour, vérifié la marque et surtout le modèle, avant d'aller chercher Céleste. Debout à côté du cabriolet crème, téléphone collé à l'oreille, il regardait sa chef de groupe avec le sourire de celui qui s'attend à recevoir des félicitations.

Des félicitations, Céleste aurait aimé en prodiguer. Les mains dans les poches, elle siffla pour manifester son approbation en faisant lentement le tour du véhicule. Elle posa ses mains sur la malle arrière. Le moteur était encore chaud.

— Est-ce que tu peux vérifier qui en est le propriétaire, Ithri ?

— Je suis déjà en ligne.

Puis, après un moment :

— C'est le fonds de dotation Bellanger, le même que celui qui devait hériter d'Anne Arnotte. La voiture a été immatriculée il y a dix jours. C'est une Porsche 356 1600, comme celle de Troarec…

— Elle lui ressemble, mais ce n'est pas la même, l'interrompit Céleste. Troarec a un Speedster, une 356 A 1600 S. Le pare-chocs est bas, l'arrière est rond avec une grille unique, alors que celle-ci a les feux rehaussés, il n'y a pas de protection de phares, la grille d'aération est double et il y a une poignée d'ouverture du coffre. A mon avis, elle date d'après 1962. Vérifie la date de sa première immatriculation.

Céleste se pencha pour regarder l'intérieur. Des sièges beiges qui détonnaient avec la carrosserie crème. Un petit carton de déménagement, une paire de chaussures de femmes du côté passager.

— Le 3 mars 1963.

Ithri demanda ensuite à son collègue au téléphone la date de la première immatriculation du véhicule de Troarec. La réponse prit un peu plus de temps : la voiture avait été importée des Etats-Unis et immatriculée comme voiture de collection avec des données parcellaires. On estimait qu'elle datait de 1957.

— C'est facile, répondit gentiment Céleste à la question qu'Ithri n'avait pas posée. Troarec a la même voiture que celle de Steve McQueen. Un modèle rare. Celle qui est devant nous est un peu plus commune.

Ithri rejoignit Céleste derrière le cabriolet. C'était bizarre de parler bagnoles avec une femme. D'habitude, elles se contentaient de bien aimer les vieilles voitures parce qu'elles leur rappelaient Grace Kelly ou James Dean. Elles aimaient bien celles qui roulaient vite parce que ça leur donnait l'impression d'être avec un *bad boy* ou d'être importantes. Il n'en avait encore jamais rencontré une seule qui soit capable de distinguer une Ferrari d'une Lamborghini, alors se faire reprendre sur une vieille Porsche, c'était très excitant. Surtout qu'elle avait été identifiée par Lambert, ce connard du service technique.

— Trouve-moi les clichés du radar feu rouge, s'il te plaît, demanda Céleste, comme si elle lisait dans ses pensées.

Elle n'avait pas l'air d'avoir le cœur à rire, et Ithri se souvint qu'un homme était mort, dans cette histoire qui aurait pu être drôle et qui était tragique.

Il chercha du regard un endroit où s'asseoir.

Passant nerveusement ses doigts dans ses cheveux, il scrolla pour retrouver les clichés demandés. Il aurait dû les renommer correctement depuis le début, ce serait allé plus vite. Enfin, il mit la main dessus, ouvrit l'image et l'augmenta autant que possible pour avoir une vision nette de l'arrière de la voiture de Killian Troarec.

Il se redressa d'un coup, l'ordinateur toujours ouvert, pour aller comparer l'arrière de la voiture du parking et celui de la photo. Céleste avait raison, évidemment. Ce n'était pas celle de Troarec qui avait été flashée, mais une voiture en tous points semblable à celle qu'il avait sous les yeux, et dotée des plaques d'immatriculation de la Porsche de Troarec. Force était de constater que Troarec avait été piégé.

Ithri allait partager ses réflexions à voix haute lorsqu'il s'aperçut que Céleste avait disparu et que la porte d'entrée du Foyer se refermait. Intrigué, il partit à sa suite.

Il poussait la porte lorsqu'il entendit la voix sèche et désincarnée de Céleste :

— Madame Fauré, pourriez-vous m'expliquer les circonstances dans lesquelles vous avez obtenu cette voiture ?

Ithri s'approcha silencieusement, son ordinateur sous le bras. Inès Fauré était passée derrière le comptoir. Un léger sourire flottait sur ses lèvres, comme si elle était imperméable à la tension qui émanait de son interlocutrice et qui, pourtant, frappa Ithri. Elle avait enfilé un tablier plastifié par-dessus son jean et sa marinière. Armée d'un couteau, elle écaillait un poisson. Elle travaillait vite et avec précision, comme si elle avait fait ça toute sa vie, et Ithri détourna le regard, incapable de supporter la vision de l'animal gluant. L'odeur qui montait du plan de travail était épaisse et douceâtre, vaguement écœurante.

— C'est pour une soupe de poisson, dit-elle. Même l'été, certains apprécient un bol de soupe. Et puis le poissonnier nous apporte toujours des invendus. La soupe, ça évite que quelqu'un s'étouffe avec les arêtes. Ça ne vous ennuie pas que je continue pendant qu'on parle ?

Sans attendre de réponse, elle saisit une paire de ciseaux et entreprit de découper la nageoire dorsale tout en répondant à la question.

— La voiture était dans le garage de la maison que m'a léguée Anne. J'y suis allée hier et la voiture était là.

— Et les clés ?

— Elles étaient dans la cuisine.

— Vous avez conduit avec les mains nues ?

— Vous trouvez que j'ai une tête à conduire avec des gants ?

Ithri aurait volontiers répondu que oui, il l'imaginait parfaitement, un foulard Hermès sur la tête, de grosses lunettes de soleil sur le nez et des gants blancs, conduire cette voiture dans les années 1960, vêtue d'une robe d'été qui lui aurait découvert les épaules et mis la taille en valeur. Inès incarnait à ses yeux la femme « nouvelle vague » célébrée par Dior. Mais ce n'était pas la question, bien entendu.

Céleste ne réagissant pas, il prit sur lui d'intervenir dans la discussion.

— Est-ce que vous avez vérifié s'il y avait une carte grise ?

Céleste fit volte-face et le fixa. Posant son ordinateur sur une table, il s'avança jusqu'à elle, imitant sa posture. Les jambes un peu écartées, solidement planté dans le sol, il trouvait que ça dégageait de l'autorité.

Inès saisit un petit couteau et fendit d'un mouvement assuré le ventre du poisson.

— Non, j'ai supposé que ça faisait partie du package, répondit-elle en passant son poisson sous l'eau.

Elle plongea ses doigts dans l'ouverture et en tira un paquet de viscères. Ithri ne put retenir une grimace de dégoût. Inès fouilla la cavité du bout des doigts pour en extraire le moindre morceau d'organe.

Céleste intervint.

— Quel package ?

— La donation de la maison du Croisic. Entre autres.

Inès adressa un regard contrit à Virginie, qui coupait des tomates en quatre. La femme lui sourit.

— Ne t'excuse pas, ma poulette. Tu n'as rien volé.

— Je sais, Virginie, mais tout de même, ça me gêne…

— Il ne faut pas. Prends ce qu'on te donne. Continue de donner comme tu le fais. Si seulement la moitié du monde faisait comme toi, tout ça tournerait mieux, crois-moi. Bon, je vais chercher un autre cageot de patates, moi.

D'où il était, Ithri voyait bien qu'il restait au bas mot trois kilos de pommes de terre à éplucher dans un grand faitout.

Inès attendit que la porte de la réserve se referme sur sa collègue pour reprendre.

— Le notaire est venu me voir, avec tous les papiers de la donation et les clés de la maison. Il y a un appartement à La Baule, aussi, mais il est loué.

— Vous vous y attendiez ?

Inès haussa les épaules. Elle saisit un autre poisson qu'elle se mit à écailler à gestes sûrs.

— Non, pas vraiment, mais ça ne m'étonne pas d'Anne.

— Donc, c'est le notaire qui avait les clés de la maison, c'est ça ?

— Oui, c'est ça.

— Comment ça se fait ?

— Comment ça se fait que quoi ?

— Comment ça se fait que le notaire ait les clés ? Anne prévoyait de mourir ?

Inès s'interrompit dans son travail. Une mèche de cheveux s'était échappée de son chignon et elle se servit de son avant-bras pour la repousser.

— Il ne m'a rien dit. C'était peut-être un double ? Ou alors Anne avait décidé de ne plus s'en servir ? Non, je suppose que c'était un double, reprit-elle.

— Vous le connaissez bien, ce notaire ? demanda Céleste.

Inès ne leva pas les yeux du poisson qu'elle éventrait.

— Non, je ne l'avais jamais rencontré jusque-là.

Du sang coula des viscères qu'elle arrachait du ventre de la dorade. Les mains pleines de débris organiques, elle s'en débarrassa dans la poubelle placée entre ses jambes, où ils atterrirent avec un splatch écœurant. Ithri ouvrit la bouche pour respirer.

— Mais mon mari le connaît. On habite le même village.

— Vous en avez parlé ? Je croyais que vous étiez séparés, objecta Céleste.

— On se parle toujours.

Un sourire illumina le visage d'Inès. Elle gratta l'intérieur du poisson et jeta les dernières écailles dans la poubelle avant de le passer sous l'eau.

— Ils ne s'apprécient guère, mais Xavier est bien le notaire d'Anne. Vous voulez fouiller la voiture ? C'est important ?

Céleste enfila une paire de gants en latex avant de saisir le trousseau de clés de la nouvelle voiture d'Inès.

De nouveau, le soleil l'aveugla, le temps qu'elle enfile ses lunettes de soleil. Elle était furieuse, furieuse et intensément triste de ne pas avoir pu empêcher la mort de Killian Troarec. Mais le temps n'était pas encore aux regrets.

— Ithri, explique-moi ce que c'est que ce fonds de dotation Bellanger, demanda-t-elle à son jeune collègue tandis qu'elle se dirigeait vers le parking.

— C’est une espèce d’association à qui on alloue des biens ou de l’argent pour mener à bien une mission.

Céleste contempla le jeune homme d’un œil torve. Elle détestait le jargon des gratte-papier qui se gargarisent de phrases alambiquées. Il eut l’air de comprendre ses attentes implicites, parce qu’il changea de discours.

— C’est un peu comme une association. Mme Arnotte lui a fait des donations (des appartements, principalement). L’argent que ça rapporte est utilisé pour financer le Foyer et le Bercail. Avec le précédent testament, le fonds de dotation aurait pu récupérer toutes ses parts dans la biscuiterie, plus quelques autres biens immobiliers et le solde de ses comptes bancaires. Une centaine de millions d’euros, à peu près.

Ils étaient arrivés à la voiture.

— Et qui dirige tout ça ?

Ithri s’était planté à côté d’elle, les bras croisés sur la poitrine lui aussi, à contempler elle ne savait pas quoi, la voiture d’Inès ou la Loire et Trentemoult au-delà. Céleste se demanda ce qu’il allait advenir de la Porsche de Troarec, et eut honte de cet éclair de cupidité.

— Anne Arnotte était la présidente.

— Et maintenant ?

Céleste fixait les maisons colorées de Trentemoult. De ce côté-ci de la Loire, impossible de deviner qu’un drame s’était joué, que l’aveuglement et la soif de vengeance avaient eu comme conséquence la mort d’un homme. Est-ce qu’ils seraient chargés de l’enquête ? s’interrogea Céleste. La sonnerie du téléphone la sortit de ses réflexions. Marie. Elle fut tentée de ne pas répondre, mais Ithri, d’un bref mouvement du menton, lui fit signe qu’il attendrait.

— Emma me dit que tu l'as autorisée à sortir ce soir ?

En fond sonore, Céleste entendait le brouhaha habituel du hall de l'hôpital. Prise au dépourvu, elle bredouilla un « oui » hésitant.

— Tu crois que c'est une bonne idée, avec ce qui s'est passé cette semaine (le volume sonore de la voix de Marie se réduisit à un murmure), la photo et tout ça ?

Céleste avait complètement oublié la soirée d'Emma et sa photo seins nus.

— En plus, on ne connaît pas le garçon chez qui elle va. Et si c'était lui à qui elle envoyait les photos ? Et s'il lui faisait du chantage ? Et s'il la violait et qu'elle ne pouvait rien dire parce qu'il lui avait extorqué des photos de nu ?

Marie avait un peu tendance à dramatiser et Céleste avait toujours pensé qu'elle aurait pu faire un bon flic, à imaginer toutes sortes de solutions possibles à partir d'un simple fait. En l'occurrence, elle venait de lui donner une idée. Coupant le flot de paroles inquiètes, elle lui dit :

— J'ai l'adresse de ce garçon. On va donner une heure de couvre-feu à Emma et lui demander de garder son téléphone toujours avec elle, OK ? Je peux lui prêter ma montre, il y a un bouton d'appel SOS, si ça te rassure.

Marie laissa passer quelques secondes puis accepta. Céleste continua :

— Si tu as deux minutes, est-ce que tu pourrais chercher un dossier pour moi ?

Elle précisa sa demande et constata, lorsqu'elle raccrocha, qu'Ithri n'avait pas bougé d'un pouce. Un doigt toujours en l'air, il avait l'attitude d'un acteur figé en mode « pause ». Céleste lui envia cette légèreté, cette plénitude de jouir de l'instant qui était, certainement, ce qu'elle avait perdu en vieillissant. La capacité à sourire de tout. A ne pas oublier de vivre.

— Pardon, tu disais ? lui demanda-t-elle.

— Xavier Guilbaud… dit-il (et Céleste mit quelques secondes à se souvenir de la question à laquelle il répondait). Il est numéro deux et automatiquement propulsé président.

Bien sûr, songea-t-elle tandis que la mécanique d'un scénario se mettait en marche dans ses méninges.

En essayant de n'oublier aucun détail, Céleste résuma à Ithri sa conversation avec Inès, la recherche frénétique par Anne Arnotte d'un homme qui correspondait au signalement de Troarec et l'absence de dossier d'enquête sur Xavier Guilbaud.

— Lorsqu'elle trouve son homme providentiel… elle change son testament, observa Ithri pensivement. Et maintenant, ni elle ni lui ne sont là pour nous expliquer réellement pourquoi. Ce qu'on sait, c'est que le testament précédent a failli devenir caduc.

— Le changement de testament écartait Guilbaud de la possibilité d'utiliser l'héritage pour son usage personnel…

Puis Céleste réalisa ce qu'Ithri venait de dire.

— Comment ça, « failli » ?

— Vous n'avez pas lu le testament ?

— Si, mentit Céleste, qui l'avait parcouru rapidement pour vérifier qu'il n'y avait pas de bénéficiaire caché.

— En en-tête, il est indiqué « Dût-il me survivre de trente jours ».

— Qu'est-ce que cela signifie ?

— Que la mort de Killian Troarec annule le testament. On en revient au précédent automatiquement.

Sous l'effet de la surprise, Céleste ouvrit grand la bouche.

— Tu veux dire que Guilbaud va hériter ?

— Pas Guilbaud, rectifia Ithri. Le fonds de dotation Bellanger.

— Administré par Guilbaud, qui en devient le président.

— Ça voudrait dire…

Céleste acquiesça. C'était toujours la même histoire, de toute façon. L'argent avait de tout temps été une puissante motivation, Caïn n'étant que le premier d'une longue liste de misérables qui avaient tué pour être les premiers sans se donner les moyens de réussir par eux-mêmes.

— Tu peux te renseigner sur ses comptes bancaires ? demanda Céleste.

Ithri sortit son téléphone et nota les instructions.

— Il faut qu'on étudie son emploi du temps, continua Céleste. Où il était samedi soir. Avec qui. Apparemment, il était dans les petits papiers de Mme Arnotte. Il avait les clés de sa maison, de sa voiture, avait-il celles de son appartement ? Est-ce que le fournisseur de serrures nous a répondu, au fait ?

— Non. Toujours pas.

— Admettons qu'il ait une clé de l'appartement d'Anne Arnotte. Il avait un mobile. Il avait l'opportunité de planter des fausses preuves pour faire accuser Killian Troarec.

— Comment est-ce qu'il se serait procuré ses empreintes ?

Céleste haussa les épaules.

— N'importe où. Dans un bar, en rendez-vous professionnel. Souviens-toi, quand on y est allés, il a bu un verre d'eau. J'aurais pu l'embarquer. Vu le bazar là-bas, personne ne l'aurait remarqué. Guilbaud avait accès à la voiture, donc il a très bien pu faire exprès de passer au feu rouge.

— Et les poils ?

Céleste se passa la main dans les cheveux et se frotta le crâne avant de reconnaître :

— Là, je sèche. Mais tu as vu comme moi, on peut entrer chez Troarec par-derrière.

— Un cambriolage pour lui voler des poils ? Troarec ne l'aurait pas déclaré s'il avait été cambriolé ?

— Tu vas t'embêter à aller déposer plainte quand on ne t'a rien volé, toi ? fit remarquer Céleste avec un petit rire sans joie. Il n'y a que les agents secrets qui tendent des cheveux sur les portes fermées et qui voient qu'on a visité leur maison, alors que rien ne manque. A moins que la serrure ait été forcée, si tu vois un truc bizarre, tu te dis que tu as merdé le matin, c'est tout. Bref, revenons à notre notaire. Je présume que, dès que la nouvelle de la mort d'Anne Arnotte s'est répandue, il a alimenté les médias avec le rapport fourni par l'enquêtrice.

— Vous croyez qu'il pourrait être derrière la mort de Troarec ?

Céleste soupira profondément. Elle ouvrit la portière côté passager, passa la tête dans l'habitacle. Minimaliste, dirait-on aujourd'hui. Mais quelle splendeur ! Elle tira doucement sur le bouton de la boîte à gants, qui était vide. Il y avait des traces de doigts sur le tableau de bord. Toujours penchée au-dessus des sièges en cuir, elle répondit à Ithri :

— Je pense que c'est possible et plausible. Il faudrait qu'on s'intéresse un peu plus à sa personnalité, ça pourrait nous aider, qui sait ? Mais pour le moment, c'est maigre. Nos preuves sont circonstancielles.

— Il y a quelque chose que je ne vous ai pas raconté.

La gêne s'entendait dans la voix d'Ithri tandis qu'il relatait son entretien avec Jérôme. C'était atterrant, bien sûr, mais quel rapport cela pouvait-il avoir avec l'affaire ?

— Ça écarte l'hypothèse d'un viol, dit Ithri. On n'est « plus que » (il utilisa l'index et le majeur de chaque main pour mimer des guillemets) dans l'hypothèse d'un homicide.

— Et ça renforce la théorie que Guilbaud en serait l'auteur.

— C'est ça.

— Cherche auprès des carrossiers de la région s'il n'y en a pas un qui a repeint ce cabriolet au cours des dix derniers jours. La couleur des sièges ne colle pas du tout avec celle de la carrosserie. Il faudra leur montrer des photos d'Anne et de Xavier. Qui d'autre avait accès à cette voiture ?

— Les proches, dit Ithri en comptant sur ses doigts. La gouvernante, le prêtre et peut-être le mari de la gouvernante.

— Le prêtre n'a pas de mobile, la gouvernante non plus puisqu'elle hérite tout de même d'une maison. Je la vois mal mettre en place un plan de cet acabit. Et son mari s'est cassé le pied. Impossible de conduire. Donc on se concentre sur Guilbaud, conclut Céleste. La question est : est-ce qu'on en parle à la substitute ?

— Pourquoi ne voudriez-vous pas lui en parler ?

— Parce que c'est son mari. Trace-moi son téléphone.

10 h 15

Jeanne

— Jeanne ? Katell m'a dit que tu venais juste de passer au commissariat. Tu es loin ?

La voix rassurante et chaude de Pierre Quémeneur. Jeanne posa le front sur son volant. Elle avait envie de pleurer. Elle répondit d'une voix faussement enjouée :

— Non, je suis toujours sur le parking.

Il lui laissa à peine le temps de terminer sa phrase.

— Parfait, on va prendre un café. Je te retrouve en bas.

Elle n'avait pas le temps de réfléchir, ce qui était une bonne chose, probablement, parce qu'elle se serait effondrée. Le temps de sortir de sa voiture et Pierre était déjà là. Il lui sourit. Il n'avait pas changé depuis son enfance, toujours la même coupe de cheveux militaire, le même œil malicieux, les lunettes sans monture ; il était un point d'ancrage dans sa vie, peut-être le seul. Elle retint une grimace lorsqu'il lui serra l'épaule tout en l'embrassant. Elle le suivit avec un entrain forcé tandis qu'ils se dirigeaient vers le QG du commissariat, un café situé de l'autre côté du pont, et duquel on pouvait regarder l'Erdre scintiller paresseusement au soleil.

— Tu venais voir Ibar ? lui demanda Quémeneur avant même qu'elle se soit assise.

Elle acquiesça.

— C'est bien la première fois que je te vois te déplacer pour parler à un flic.

Il ne se cachait pas d'être soupçonneux. Un instant, Jeanne envisagea de tout lui dire. Mais les conséquences de son égoïsme lui semblaient trop lourdes à porter. Pierre ne comprendrait pas. Il prendrait fait et cause pour elle, débarquerait à l'étude, il serait capable d'appliquer sur Xavier le même genre de violence que celle qu'il réprouvait, se dit-elle avec ironie. Les conséquences en termes d'image et de réputation pour Xavier seraient irrattrapables et il trouverait le moyen de faire porter le chapeau à Pierre. Non, il valait mieux attendre que l'orage passe. Les choses allaient s'arranger maintenant qu'il avait été élu président. Il était juste un peu à cran. Ça irait mieux la semaine prochaine.

— Où en est-on de l'enquête sur Anne Arnotte ? dit-elle tout à trac. Ça m'a l'air de piétiner.

Voilà, pensa-t-elle. Elle n'était jamais aussi bonne que lorsqu'elle était agressive.

— Justement, c'est de ça que je voulais te parler, répondit Quémeneur en se passant une main sur la nuque. Je suis préoccupé par cette fille.

— Ibar ?

— Oui, Ibar. Elle a mis fin à la garde à vue de Troarec sans explication, elle m'a simplement dit de lui faire confiance, mais je vois les preuves qui s'accumulent.

Jeanne pencha la tête de côté, attentive.

— Et maintenant ce type est mort. Les médias vont faire leurs choux gras de l'affaire. On relâche un gars que tout, absolument tout, accuse pour le laisser se faire lyncher par un père désespéré.

— Tu ne crois pas que ça règle ton problème ? demanda Jeanne. L'opinion publique est soulagée, ton coupable présumé est mort et le père éploré écopera d'une peine de prison symbolique.

Jeanne ne prit même pas la peine de cacher son aigreur. Un innocent était mort et elle ne savait pas très bien si elle était responsable ou non. Les frontières entre culpabilité et innocence avaient trop tendance à se brouiller. Toute sa vie avait tendance à se brouiller. Elle sentit une chape de plomb s'abattre sur ses épaules. Sans personne vers qui se tourner.

Un serveur apparut avec leur commande sur un plateau.

— On a aussi reçu les photos des caméras du feu rouge et c'est bien la voiture de Troarec qui a été flashée. J'ai demandé à Lambert, qui est un fou de bagnoles, et il m'a confirmé que c'était une Porsche 356. Un modèle super rare, exactement comme nous l'a dit Troarec… On a tout de même envoyé les clichés à un spécialiste de chez Porsche, et on aura la confirmation en début de semaine.

Jeanne versa lentement l'eau pétillante dans son verre.

— Qu'est-ce que tu attends de moi, exactement, Pierre ?

— Je suis parti du mauvais pied avec cette fille. Bon, j'ai peut-être eu tort, mais c'est comme ça. Elle a sauvé

Joubert, je lui en suis reconnaissant. Mais j'aimerais que tu clôtures l'enquête.

Jeanne eut un hoquet qui pouvait passer pour un rire bref.

— Toi ? Tu me demandes de te retirer une affaire ?

— Elle est partiale. Je ne sais pas pourquoi, mais elle est partiale. En ce moment, elle est au Foyer à interroger les bénévoles sur de prétendues activités louches de la victime. On dirait qu'elle aime remuer la merde. Il faut que tu interviennes. On a tout ce qu'il faut.

— Cet homme n'était pas coupable, Pierre, dit Jeanne sans le regarder. J'étais avec lui.

Tout à sa colère, Quémeneur ne releva pas.

— Je ne sais pas ce qu'il te faut ! On a toutes les preuves qu'il faut. Le mobile, le moyen, l'opportunité. Elle n'avait aucune raison valable de sortir ce mec de garde à vue. Je ne la sens pas, cette histoire. J'ai l'impression que ça va nous péter à la face et on n'aura que nos yeux pour pleurer. C'est ton intérêt aussi.

« Nous » ?

Le téléphone de Pierre bourdonna. Jeanne et lui virent distinctement le nom de l'appelant s'inscrire.

— Il faut que je réponde, dit Quémeneur.

La conversation ne dura pas plus de deux minutes. Jeanne vit le visage de son oncle s'assombrir.

— Pas question que tu reviennes… Quoi ? Qu'est-ce que tu dis ?… Oui, elle l'a interrogé sur Arnotte… Un marché ? Quel marché ?… OK. Bon, j'arrive. Et toi, tu retournes t'allonger, si le médecin a dit un mois, c'est un mois… Je m'en fous, on se débrouillera… C'est ça.

Quémeneur s'était levé pendant sa conversation, fourrageant dans les poches de son jean. Il jeta un billet sur la table, fit un signe au tenancier.

— Il faut que j'y retourne, Jeanne, et ça tombe bien que tu sois là. Urvoa veut passer un marché.

Jeanne se leva précipitamment et rejoignit le commissaire. Elle se cogna la hanche contre un coin de table et ne put réprimer un petit cri de douleur.

— Un marché ?

— Il nous raconte ce qu'il a fait pour Arnotte à Trentemoult si on laisse sa copine rousse en dehors de la procédure.

Elle avait bien conscience de son regard scrutateur, mais ce n'était pas le moment de s'en préoccuper.

— Ce qu'il a fait pour Arnotte à Trentemoult ? Mais Trentemoult, c'est…

Pierre opina.

— Exactement. On dirait que la balafrée a eu du nez, finalement.

— Vous avez des informations à nous communiquer, il paraît, dit Jeanne à Damien Urvoa en le considérant froidement.

Urvoa attendait dans la salle d'interrogatoire principale, encadré par deux policiers en tenue. Après plus de quarante-huit heures de garde à vue et des aveux, il avait perdu de sa superbe. Son avenir, il le savait, allait s'écrire en pointillé, ponctué par les barreaux de la cellule d'où il regarderait le ciel, si jamais il avait la chance de l'apercevoir. Les preuves contre lui étaient accablantes. Traces ADN, vidéo, témoignages. Il serait jugé pour trafic de stupéfiants, viol en réunion, homicide volontaire avec actes de barbarie. Il ne lui restait pas grand-chose à négocier, pas grand-chose à espérer.

Jeanne prit une chaise face à lui, Pierre s'installa à côté d'elle. Urvoa lui lança un regard teigneux que le commissaire soutint sans broncher.

Urvoa voulait qu'on laisse Hortense en dehors de tout ça.

— Elle n'y est pour rien. Tout ce qu'elle a fait, c'est d'avoir été ma copine.

Jeanne saisit le dossier que Pierre avait déposé pour elle sur la table et le parcourut. Les flics avaient bien fait leurs devoirs, constata-t-elle avec satisfaction. Le lien manquant entre Urvoa et Hortense Germain était leur famille d'accueil. L'implication d'Hortense Germain dans l'affaire du barbecue n'avait même pas été évoquée. Jeanne supposa que Céleste avait tenté un coup de bluff avec Urvoa. Et qu'il avait marché.

Elle tourna quelques pages pour se donner une contenance et referma le dossier d'un coup sec.

— Je n'en suis pas si sûre, monsieur Urvoa. Je ne vais rien risquer pour une information sans valeur. Je vous écoute.

— Qu'est-ce qui me dit que vous allez pas m'entuber ? Je veux un papier écrit.

— Les accords écrits, c'est dans les séries américaines, monsieur Urvoa. On est en France. Officiellement, il n'y a pas de deal possible. Mais si votre information est exploitable, je vous promets de laisser Mlle Germain en dehors du dossier.

Urvoa eut l'air de réfléchir.

Jeanne le plaignit, un bref instant seulement. Il était en position de faiblesse, et elle ne pouvait jamais s'empêcher de plaindre ceux qui allaient se retrouver écrasés par la puissance de la loi. Mais il n'avait pas le choix. Elle avait tout le pouvoir et lui rien, et il le savait.

Joignant ses mains devant lui, entre ses cuisses écartées, il regarda brièvement le plafond sale et se mit à table.

— Elle savait ce que je faisais, dit-il.

— Qui, Hortense ?

— Non, la patronne.

— Allez-y, continuez, l'encouragea Jeanne.

D'un geste machinal, elle croisa les jambes, et sa jupe remonta sur sa cuisse.

— Elle est venue me voir après que l'autre m'a viré. Elle m'a dit qu'il n'y aurait pas de poursuites, mais qu'elle aurait peut-être besoin d'un service, un jour.

— Et alors ?

— Ben et alors il s'est rien passé jusqu'au mois dernier. Elle m'a envoyé un message WhatsApp. Elle m'a dit qu'elle avait besoin que j'entre dans une maison et que je prenne quelques trucs.

Urvoa se tut un instant.

— Vous allez la laisser en dehors, Hortense ?

— Elle vous a envoyé un message sur le téléphone qu'on a saisi ?

Urvoa secoua la tête, l'air de dire : « Vous me prenez pour un idiot ou quoi ? »

— Elle effaçait les messages au fur et à mesure. Quand elle voyait que je les avais lus.

— Qu'est-ce qui me prouve que vous dites vrai ?

— Vous voulez que j'vous décrive la maison du mec ?

Cela prit encore un peu de temps, parce qu'en l'absence de Céleste et d'Ithri ce furent les officiers qui avaient procédé à la perquisition qui vinrent corroborer la description d'Urvoa. Il raconta comment, quinze jours avant, il avait cambriolé la maison située au 5, impasse des Pêcheurs, à Trentemoult, une maison à façade rouge, avec un jardin sur l'arrière. Comment il avait volé un caleçon dans un bac à linge sale, recueilli des cheveux et des poils dans la salle de bains et comment il en avait semé d'autres qui provenaient d'une enveloppe que l'industrielle lui avait confiée. Il avait également soigneusement photographié chacune des plantes du jardin. Il avait envoyé les photos grâce à un lien temporaire de téléchargement. C'était tout.

Ce qui emporta la conviction de Jeanne fut la description de l'emplacement précis où le délinquant avait déposé des cheveux appartenant à Anne Arnotte dans l'habitation de Killian Troarec.

Elle s'absenta quelques minutes pour appeler son patron.

— On n'a rien sur cette fille, expliqua-t-elle, seulement de vagues soupçons. Par contre, si ce type signe sa déposition, on innocente un témoin clé.

— Qui est mort, répliqua LdV avec lassitude.

— Peut-être, mais, au moins, l'opinion publique ne nous reprochera pas d'avoir laissé un assassin en liberté, plaida Jeanne. Ecoutez, cet Urvoa, entre nos preuves et ses aveux, on va le faire plonger pour vingt ans de période de sûreté. On ne lui pardonnera jamais d'avoir brûlé vive une fille sans histoire, même si elle voulait faire du chantage. Je l'ai rencontré. C'est un pauvre type, pas une bête fauve. Pas encore. Laissons-lui la possibilité de croire qu'il est capable de faire quelque chose de bien.

On ne lui avait jamais parlé d'humanité, pendant toute la durée de ses études et même pendant ses stages. Il avait fallu qu'elle se retrouve confrontée à la réalité pour comprendre que son métier ne serait jamais, pour elle, celui d'une machine. C'était un secret honteux qu'elle portait en elle et qu'elle savait partager avec LdV, celui de ne pas réussir à s'arrêter aux mauvaises actions de ceux qu'elle recevait dans son cabinet, et de discerner, au milieu du fatras des mauvais choix, des mauvaises fréquentations, des rodomontades et de l'effet de groupe, une étincelle de désespoir, d'amour ou de fierté qui lui rappelait qu'elle avait en face d'elle un être de chair et de sang, qui aurait agi autrement, ou non, sous l'influence de milieux, d'amis ou de parents différents. Elle pensa brièvement à ses parents, qu'elle n'avait pas vus depuis bientôt trois ans, et chassa cette idée de son esprit. Concentre-toi ! LdV accepta.

Jeanne revint dans la salle d'interrogatoire, se rassit en lissant sa jupe.

— C'est d'accord, dit-elle à Urvoa.

Elle ramassa le dossier sur lequel la mention *HORTENSE GERMAIN* était inscrite – en majuscules d'imprimerie, pour être facile à lire même à l'envers – et le jeta ostensiblement dans la poubelle, sans prêter attention au regard effaré que Pierre lui lançait.

11 h 45

Pierre

— Qu'est-ce que tu en penses ?

Pierre Quémeneur dévisagea Jeanne sans répondre, saisi d'une détresse terrible. Tout lui semblait futile, soudainement, la mort d'Anne Arnotte et ses petits secrets, l'arrestation de Joubert, la guerre au Yémen et même Daech, parce que lorsque Jeanne avait croisé les jambes, dans la salle d'interrogatoire, son mouvement avait remonté sa jupe sur sa cuisse. Elle n'y avait pas pris garde, se contentant de tirer sur le tissu par habitude. Mais il avait vu distinctement le bleu qui fleurissait.

Il n'avait rien écouté de la suite de l'interrogatoire. Sa nièce, qu'il avait presque vue naître, qu'il avait vue grandir et s'épanouir, qu'il avait accueillie à bras ouverts lorsqu'elle était revenue au pays, magistrate, et qui plus est magistrate du parquet, de son côté à lui, celui de l'accusation et des flics, cette merveille de la nature que sa sœur avait mise au monde se faisait dérouiller.

Tout prenait sens tout à coup, avec une telle facilité que son aveuglement le remplissait de honte. Son cœur battait à grands coups dans sa poitrine, pompant le sang et le renvoyant avec rage dans tout son corps. Sa vue s'obscurcissait sous l'effet conjugué de la colère et de la tristesse. Il comprenait les chemisiers à jabot, les grimaces quand elle heurtait un meuble.

— Pierre ? Ça va ?

Jeanne le poussa du coude.

Qu'est-ce qu'il allait bien pouvoir faire, bon Dieu ? S'il lui en parlait comme ça, elle se braquerait comme elle s'était braquée avec ses parents. Pierre repensa sans savoir pourquoi à une petite chose qu'elle avait dite, juste avant. « J'étais avec lui. » Il avait chaud et sentait de la sueur lui dégouliner le long du dos. Il avait du mal à réfléchir, comme si ses neurones étaient englués dans de la mélasse. Il devait se calmer. Les idées fusaient dans son esprit, des idées sans queue ni tête, ni ordre ni raison. Il avait l'impression que la pièce bougeait autour de lui.

— J'aimerais bien qu'on mette à plat ce qu'on sait, ça commence à être bizarre, cette histoire, reprit Jeanne, apparemment insensible à l'état de son oncle. Tu pourrais appeler ton capitaine Ibar, qu'elle nous rejoigne ? Quelqu'un sait où elle est ? Tu ne m'as pas dit qu'elle était au Foyer ?

Une nausée le terrassa, le sol se mit à onduler sous ses pieds. Il se pencha en avant.

Il entendit Jeanne crier. Il aurait voulu se redresser, plaisanter, mais il en était incapable. Il se rendit compte avec stupeur qu'il ne parvenait pas à bouger, et même relever les paupières lui demanda un effort surhumain.

Sa tête se mit à tourner. Il sentit les haut-le-cœur s'intensifier, il avait chaud et tout tanguait. Il ne devait pas, il ne pouvait pas, s'évanouir maintenant. Elle avait besoin d'aide. Il fit un pas, en se tenant toujours au mur. Quelqu'un cria « Oh ! Mon Dieu » lorsqu'il rata une marche, puis tout devint noir avant même que sa tête ne cogne contre le sol.

12 h 15

Céleste

Céleste suivit des yeux la voiture de la substitute qui se garait à la va-vite sur le parking du foyer.

Il faisait chaud. Elle percevait clairement la douceur du vent sur ses joues, la chaleur du soleil sur sa peau. Elle savait que c'était mal. Elle savait que c'était mal et que ce n'était pas du tout le moment et pourtant elle le faisait. Aller vers Jeanne, le cœur léger, l'humeur guillerette.

Elle se contenta de l'accueillir avec un sourire. La magistrate semblait aussi frêle qu'un oiseau. La brise plaquait ses vêtements, et on distinguait ses os saillants. Tout en attrapant sa mallette sur le siège arrière de sa voiture, elle se frotta machinalement le bras avant de retirer précipitamment sa main comme si elle s'était fait mal. Jeanne pivota sur ses talons. Lorsqu'elle croisa le regard de Céleste, un sourire illumina son visage et ses épaules se détendirent brusquement. Céleste eut la sensation que quelque chose se déchirait à l'intérieur d'elle-même, sans être capable de nommer l'émotion qui l'accompagnait. Avant qu'elle ait le temps de s'interroger plus, Jeanne fit un pas vers elle, la main tendue.

— Bonjour, capitaine, lui dit-elle de sa voix grave.

Sa main était sèche et froide, délicate et légère comme le corps d'un moineau mort.

— J'ai de nouveaux éléments, dit Céleste.

— Urvoa nous a parlé, dit Jeanne.

Les deux femmes se fixèrent deux secondes et échangèrent un sourire complice.

— Vas-y, dit Jeanne.

Portée par une brise soudaine, une odeur de limon monta aux narines de Céleste.

— On pense qu'Anne Arnotte n'a pas subi de violences sexuelles. Elle s'offrait lors de gang-bangs improvisés à proximité de la grue jaune, toutes les semaines. Manifestement, elle aimait le sale et la douleur. Samedi dernier, elle est partie peu après l'heure habituelle du Foyer, elle a laissé son téléphone portable dans sa voiture comme ces trois dernières semaines et elle est allée subir sa… sa séance. Puis elle est rentrée chez elle. On ne sait pas ce qui s'est passé. Elle est morte empoisonnée à l'aconitine après une injection de kétamine qui l'a sans doute anesthésiée. Nous n'avons pas retrouvé la seringue qui a servi à l'injection ni aucune trace d'aconitine. On ne sait pas sous quelle forme elle l'a prise.

Céleste énumérait en comptant sur ses doigts. La brise qui s'était levée s'enroulait autour de son cou comme une écharpe de soie. Elle la sentait se glisser dans la manche de sa chemise et lui caresser l'avant-bras pendant qu'elle s'efforçait de rassembler ses esprits.

— On sait qu'elle a modifié son testament il y a une quinzaine de jours. Au lieu de tout léguer à une fondation pour perpétuer son œuvre de bienfaisance, elle lègue tout à Killian Troarec, qui a l'air d'être une simple relation d'affaires.

Jeanne esquissa un mouvement mais n'interrompit pas le récapitulatif de la policière.

— Tout accuse cet homme : on retrouve son ADN sur un verre dans la cuisine ainsi que dans le lit de la victime, on retrouve ses empreintes, son téléphone est hors service, mais sa plaque d'immatriculation est flashée par une caméra feu rouge, il cultive de l'aconit dans son jardin et il a déjà été condamné pour agression sexuelle. Bien qu'il nie connaître la victime, on retrouve son ADN à elle chez lui. Et, pourtant, son alibi est irréfutable.

Jeanne ne répondit pas. Immobile et droite, elle ressemblait à une statue de pierre.

— Ce qui est nouveau, c'est qu'on vient d'apprendre que la victime recherchait un homme correspondant au signalement de Killian Troarec. Elle avait embauché un enquêteur privé et ses rapports ont été découverts par une proche d'Anne Arnotte. Peu après avoir retrouvé cet homme, elle en fait son héritier. On se rend compte également (et à ce moment, elle caressa la capote de la Porsche d'Inès) que le véhicule qui a été flashé à proximité du domicile d'Anne Arnotte n'est pas celui de Troarec, mais un véhicule ressemblant affublé des plaques d'immatriculation de la voiture du suspect. Ce qui accrédite la thèse selon laquelle Killian Troarec était bien là où il l'a affirmé, samedi soir, et qui nous fait penser qu'il a été piégé.

— L'emplacement de cette caméra est notoire, ajouta Ithri. Est-ce qu'on se déplace dans une voiture de collection quand on projette de tuer quelqu'un ou quand on vient de tuer quelqu'un, et est-ce qu'on grille les feux rouges ? Sachant qu'on a cherché à se faire passer pour lui, ça ressemble à une mise en scène pour que tout l'accuse, non ?

— Urvoa a parlé, intervint Jeanne.

— Pardon ?

— Urvoa a parlé en échange de l'abandon des poursuites contre Hortense Germain. Je ne sais pas qui lui a mis dans la tête qu'on avait un dossier contre elle, mais ça a marché.

Et Jeanne résuma les déclarations d'Urvoa. Céleste fronça les sourcils.

— Pourquoi Anne Arnotte aurait-elle cherché à piéger Troarec, alors qu'elle lui léguait sa fortune ? se demanda-t-elle à haute voix. Ça n'a pas de sens.

Elle se frotta les joues, perplexe. Ithri ne lui laissa pas le temps de réfléchir.

— Rien ne nous dit que c'est elle.

Les deux femmes le fixèrent, interdites.

— Rien ne nous dit que c'est elle. Il a été prévenu par texto, il a déposé le fruit de son larcin dans une boîte aux lettres… Il n'a pas rencontré Anne Arnotte.

— Mais qui d'autre aurait pu savoir qu'il lui était redevable de quelque chose ?

Ithri haussa les épaules.

— Notre suspect. C'était un proche, non ?

— Tu penses à…

— Oui, c'est ça, la coupa Ithri. C'est à lui que je pense.

— Qui ? Et dans quel but ? demanda Jeanne dans un souffle.

— Lui faire porter le chapeau pour la mort d'Anne Arnotte. Faire annuler le testament pour revenir au précédent.

— Mais… objecta Jeanne avec lenteur, cela suppose que ce « on » mystérieux connaisse les dispositions testamentaires de la victime et que le crime ait été prémédité.

— Cela suppose aussi que cette personne ait accès à l'appartement d'Anne Arnotte pour y déposer les preuves. Et le poison, comment aurait-on pu lui administrer ? demanda Ithri.

— Des comprimés. Pour la kétamine, la légiste dit qu'il est impossible qu'Anne Arnotte se soit injecté le produit et soit allée jeter sa seringue quelque part. L'effet est immédiat.

Jeanne était devenue spectrale.

— Elle s'est administré de la kétamine ? demanda-t-elle faiblement.

— Oui, on a reçu le rapport hier.

— Vous en êtes sûrs ?

— C'est un rapport de toxicologie, donc, oui, c'est sûr. Il y a des dosages, tout ça…

Ithri parut sur le point de parler, puis se ravisa. Une portière claqua à proximité et un bruit de moteur se fit entendre. Tous trois tournèrent la tête vers la voiture bleue qui s'éloignait.

Evitant le regard de Jeanne, Ithri ajouta :

— Si on se pose la question « A qui profite le crime ? », la réponse est : à cette fameuse fondation Bellanger.

Jeanne fit un pas en avant.

D'une voix grave, la gorge nouée par l'émotion, elle dit :

— Mais mon mari est devenu le gérant de la fondation Bellanger.

Ithri s'empêcha de sourire. Il avait donné à la substitute la possibilité de dénoncer son mari et elle ne l'avait pas laissée filer.

Enfin, c'est ce que Céleste supposa pendant qu'elle étouffait un soupir de soulagement à l'idée que Jeanne n'avait rien à voir avec ça.

Comme souvent, les événements s'enchaînèrent. Avant que la moindre parole soit échangée, le générique de *Star Wars* retentit. Ithri, qui avait son téléphone à la main, s'éloigna de quelques pas pour répondre. Céleste le savait, c'était le commissariat. Tendue, elle resta silencieuse, suivant des yeux le jeune homme qui arpentait le parking.

Enfin, il raccrocha et revint vers elles.

— Vous aviez encore raison, dit-il à Céleste. On a retrouvé le carrossier qui a repeint la Porsche. A l'origine, elle était vert sapin. Lui aussi trouvait ça criminel, ce beige, mais c'était le choix du client.

— Du client ?

— Oui. Katell lui a faxé une photo d'Anne Arnotte et une de Me Guilbaud. C'est Guilbaud qui a amené la voiture, il y a quinze jours. Le carrossier n'a jamais vu Mlle Arnotte.

— Quinze jours ? Mais c'est avant qu'Anne Arnotte ne modifie son testament…

Céleste s'interrompit en voyant Jeanne se couvrir la bouche et, avec un hoquet, se précipiter vers le fleuve. Alarmée, jetant à Ithri un coup d'œil qui le cloua sur place, elle courut après son amie.

Un long jet acide jaillit de la bouche de la substitute et éclaboussa les pierres au pied du quai. Jeanne hoqueta bruyamment. Elle était pâle comme la mort. Céleste lui passa un mouchoir en papier avec lequel Jeanne s'essuya avant de finalement pivoter pour s'adosser à la rambarde. Des rayons de soleil frappèrent ses cheveux, leur donnant des reflets chauds qui contrastaient étrangement avec son teint blafard.

— Désolée, dit-elle. C'est l'ascenseur émotionnel en ce moment.

Elle inspira profondément à plusieurs reprises avant de continuer.

— Je pense que Xavier, mon mari, se fournissait en drogue auprès d'Urvoa.

Céleste se figea, hésitant sur la conduite à tenir. Devait-elle réagir comme une amie, prendre Jeanne dans ses bras et la réconforter ou, comme un flic, la laisser parler et en tirer le maximum ? Jeanne continua :

— Il… il a des problèmes. Des problèmes de comportement. Des problèmes de colère.

Une douche glacée balaya le corps de Céleste.

Enhardie par ses premiers mots, Jeanne releva les manches de son chemisier. Céleste voyait maintenant distinctement les bleus qui s'étalaient sur ses avant-bras, à divers stades de maturation. Ses bras étaient si maigres qu'elle avait pu remonter les poignets fermés au-dessus des coudes. Jeanne soupira.

— Ce n'est pas un mauvais garçon, tu sais, dit-elle. Il est né dans la mauvaise famille, des gens très pauvres et alcooliques qui ne s'occupaient pas de lui et qui se battaient en permanence. Il a grandi avec cette vision-là des rapports de couple… Mais il fait des efforts pour s'en sortir. Il a fait tellement de progrès…

Abasourdie, Céleste baissa les yeux vers le visage de Jeanne.

— Ne t'inquiète pas pour moi, je suis forte. J'ai supporté bien plus que ça. Ses crises s'espacent depuis quelques mois. Enfin, pas ces derniers temps, se reprit-elle, mais dans l'ensemble ça va beaucoup mieux.

Jeanne avait adopté un ton badin et Céleste s'attendait presque à ce qu'elle rie. Elle essayait d'assembler, mentalement, les morceaux épars de ce qu'elle savait de Jeanne, sans parvenir à relier la jeune femme fière et forte qu'elle avait connue et cette autre qui justifiait les violences de son conjoint et se félicitait qu'elles s'espacent. Elle savait, bien sûr, que la violence est partout, pas seulement là où la police est appelée, souvent en dernier recours. Elle savait qu'elle touchait aussi des femmes éduquées, insérées. Elle savait tout cela. En théorie.

Elle se rendit compte avec honte qu'elle n'y avait sans doute jamais vraiment cru. Le poing de fer qui lui broyait le cœur s'était mis à la brûler et Céleste sentait le brasier de la colère lui dévorer le ventre.

— Il a été élu président de la Chambre des notaires, hier soir. C'est tellement important pour lui, tellement important. Il ne pensait qu'à ça, il prépare ça depuis des années. Mais là, un homme est mort, je ne… je ne peux plus me taire. C'est moi qui suis le témoin de

Killian Troarec, reprit Jeanne. Depuis plusieurs années, Xavier tient à ce qu'on participe à ces… à ces soirées, ça arrive une fois par mois à peu près. Et ce mois-ci, j'ai dîné à côté de Troarec et je ne l'ai pas quitté des yeux jusqu'à 3 heures du matin au moins. Xavier n'a pas très bien réagi quand il a appris que je l'avais fait libérer. Il pensait que ça allait lui coûter son siège. Enfin, je pensais…

Elle pensait qu'il avait peur pour son siège de président, alors qu'en réalité il avait peur de voir l'argent lui filer sous le nez. Troarec disculpé, plus rien ne s'opposait à ce qu'il hérite d'Anne.

Sidérée, Céleste était bien incapable de réagir à ce que son amie lui avouait. Celle-ci continua :

— Quant à ce que vous avez évoqué à propos d'Anne Arnotte… je… je sais que ça peut me coûter mon poste, je comprendrais que tu me dénonces, d'ailleurs.

Jeanne eut un petit rire sans joie.

— La drogue m'aide à embellir mes soirées. Xavier pense que la cocaïne me rend bizarre et qu'on voit que je suis défoncée, alors, depuis un moment, il me donne de la Special K – de la kétamine en pilules. C'est assez amer, mais ça se dissout pas mal dans un verre de tonic. Je ne sais pas où il se les procure.

Céleste se demandait comment Jeanne réussissait à parler avec un tel détachement. Est-ce que les années passées à subir des violences avaient aboli tout sentiment ? Est-ce que tout cela était, finalement, tellement fréquent que la violence faisait partie de sa vie au même titre que les sourires au réveil pour certains ?

— Depuis combien de temps ça dure ? demanda-t-elle.

Fuyant le regard de la policière, Jeanne observa au loin un hangar désaffecté couvert de graffitis. Le dessin était joli, et coloré, mais ne parvenait pas à masquer la triste réalité du béton décati, de la toiture rongée par la rouille.

— J'ai toujours cru que je réussirais à le soigner. Il était tellement mieux depuis qu'il était avec moi. Tous ses amis me l'ont dit. Ce n'est pas sa faute, s'il est comme ça. Il lutte, mais il n'y arrive pas toujours. Et moi, j'ai les épaules solides. Mais jeudi soir… je ne l'avais jamais vu comme ça. Il n'y avait plus de mesure. Il a hurlé, hurlé comme jamais. Il était complètement incontrôlable. C'était écrit sur son visage que j'allais prendre, mais à ce point… Je ne suis pas rentrée hier soir, j'ai dormi à l'hôtel. Je ne voulais pas mourir.

— Il faut que tu partes, dit Céleste.

— Il faut que je parle, répondit Jeanne. Je vais me récuser dans cette affaire et tu vas prendre ma déposition. Il faut rétablir la vérité sur Killian Troarec. Il n'était pas coupable.

Céleste secoua la tête :

— Ça ne sert à rien de te mettre en première ligne. On n'a pas besoin de ton témoignage. On a tout ce qu'il nous faut pour innocenter Troarec et accuser ton mari.

Jeanne s'apprêtait à protester, mais la sonnerie du téléphone de Céleste l'interrompit.

Rendez-vous au café à l'angle
de la chaussée de la Madeleine
et de la rue Marmontel dans trente minutes.
Il faut que tu rencontres quelqu'un.

Marie. Dans le tourbillon des événements de la matinée, il était sorti de l'esprit de Céleste qu'elle avait demandé à Marie de jeter un coup d'œil aux archives de l'hôpital. Elle guida Jeanne jusqu'à sa voiture et héla Ithri.

— Tout nous ramène à Xavier Guilbaud dans cette affaire. Il a tout préparé méticuleusement. Il a acheté la Porsche, fait cambrioler Troarec, a disposé les preuves matérielles. Il a subtilisé le téléphone et l'ordinateur d'Anne Arnotte. Elle était en confiance avec lui. Ensuite, il a foncé à Saint-Erembert, y a passé la soirée et la nuit, et le tour était joué. Il n'a plus eu qu'à cacher la Porsche là où personne n'irait la chercher (Inès est bien trop routinière pour aller à la petite maison du Croisic) et téléguider les médias, qui avaient excité la foule.

— Comme cela, que Troarec soit incarcéré ou qu'il meure, le dernier testament d'Anne Arnotte aurait été invalidé, résuma Ithri. C'est malin. C'est bien ficelé…

La question qui flotta dans l'habitacle et que personne n'osait poser ouvertement était : « Xavier Guilbaud est-il capable de telles bassesses ? » Qu'à aucun moment sa femme ne prenne sa défense était éloquent.

12 h 45

Jeanne

Le café où Céleste et sa femme avaient rendez-vous était pratiquement désert. Jeanne n'eut donc aucun mal à repérer Marie, cette femme brune et sensuelle assise près d'un homme d'une soixantaine d'années.

Céleste s'avança et, sans faire de manières, désigna successivement Jeanne et Ithri en les nommant. Après quoi, elle tira simplement une chaise et s'y installa, incitant de la main ses acolytes à faire de même. L'homme se présenta :

— Je suis le docteur Romain Patelle, gynécologue obstétricien à la Maison de la naissance de Nantes. Je suis ici à la demande du docteur Evrard, ajouta-t-il avec cérémonie.

Marie s'adressa à Céleste.

— J'ai trouvé ta victime par son numéro de sécurité sociale. J'ai découvert quelque chose aux urgences traumatiques. Elle a été hospitalisée à la fin du mois de juin 1987. Et elle a été examinée par le docteur Patelle, qui était interne à l'époque.

— Je croyais que les fichiers n'étaient pas informatisés ? s'étonna Céleste.

— Ils ne le sont pas. Je suis allée aux archives. L'archiviste est un ami. Je lui ai expliqué ce que je cherchais. Il m'a expliqué comment le trouver.

Marie adressa à Céleste un sourire artificiel.

— Je suis médecin, je cherche le dossier d'une patiente… Romain va vous expliquer ce qui s'est passé.

Le docteur Patelle s'éclaircit la voix.

— Elle nous a été amenée par les pompiers. Elle souffrait d'une hémorragie colorectale causée par la rupture d'un hématome.

Marie se tourna vers lui en lui disant doucement :

— Ils ne sont pas médecins.

Le docteur Patelle reprit :

— Elle avait subi un traumatisme très violent qui avait causé une perforation du rectum et un endommagement des sphincters. Il a fallu l'opérer en urgence pour lui poser une poche de stomie… euh, une poche pour recueillir les matières fécales.

— Pourquoi est-ce que vous vous en êtes occupé ? Vous n'êtes pas gynécologue ?

— Si… euh… elle avait également subi un important traumatisme gynécologique avec déchirure du col de l'utérus et lésions vaginales profondes. J'ai travaillé en lien avec l'interne de gastro-entérologie.

Céleste demanda :

— Docteur Patelle, ça s'est passé il y a plus de vingt ans. Comment vous en souvenez-vous aussi bien ?

Le médecin prit son temps pour répondre, se plongeant dans la contemplation de ses mains. Lorsqu'il reprit la parole, l'amertume était palpable :

— Pour plusieurs raisons. La première, c'est l'étendue des lésions. Je n'ai rien vu de tel ensuite, de toute ma carrière. La deuxième, c'est que la jeune fille était mutique. Nous n'avons pas réussi à lui faire dire un mot. Je n'ai jamais su ce qui l'avait mise dans cet état. La troisième, parce que je n'ai pas pu terminer mon travail. La mère est venue récupérer sa fille le surlendemain. Elle a exigé qu'elle sorte. On l'a laissée partir avec la promesse qu'elle reviendrait, et elle n'est jamais revenue. Cette histoire m'a pourchassé pendant des années. Cette gamine qui ne parlait pas, ne pleurait pas. Elle avait vécu une expérience incroyablement traumatisante. Et elle ne disait rien. Son regard vide… je vous assure… ça m'a hanté. J'ai essayé de la retrouver, mais je n'ai pas réussi. Je n'avais que son nom – je comprends maintenant que c'était un faux.

— Elle était enregistrée au nom de Paola Santiago, intervint Marie.

— Paola Santiago ? Qui est-ce ? demanda Céleste.

— Je ne sais pas.

— Comment es-tu sûre que c'était elle ?

Marie fit une grimace mi-sourire, mi-excuse.

— Son numéro de sécurité sociale. Elle avait donné un faux nom, mais un vrai numéro de sécu. A l'époque, il n'y avait pas de carte vitale, on ne faisait de vérifications qu'a posteriori et il suffisait de régler en sortant.

Il n'y avait pas non plus de prélèvement ADN. Le docteur Patelle, alerté par une infirmière, avait constaté que du sang maculait le dos de la jeune femme sans qu'elle ait de lésion à cet endroit. Il en avait donc relevé un échantillon qu'il avait testé. Par chance, le groupe sanguin qui en était sorti était extrêmement rare. AB négatif.

— Ça représente seulement 1 % des individus dans le monde. Sur le coup, je me suis dit que ça pourrait aider à identifier son violeur. Il fallait juste attendre qu'elle porte plainte et revienne me voir pour une attestation ou un certificat médical. J'ai conservé un échantillon du sang aussi longtemps que j'ai pu, mais il a été détruit depuis, malheureusement.

Pendant tout le temps que dura l'entretien avec le docteur Patelle, Jeanne resta prostrée sur le canapé, partagée entre la stupeur et l'effroi.

Comme dans un brouillard, elle entendit Céleste dire à Ithri d'organiser l'arrestation, de prévenir Quémeneur.

Xavier allait être arrêté.

Elle avait envie de se cacher sous la parka de Céleste, de lui demander de la protéger, de régler ses problèmes. Mais personne ne pouvait le faire à sa place.

Elle hésita à signaler que le groupe sanguin de Xavier était O positif, qu'il était arrivé à la soirée à Saint-Erembert avant qu'Anne ne quitte le Foyer.

Puis elle songea que Xavier allait être enfermé. Qu'il allait détester. Qu'elle allait se trouver en sécurité.

Un mince sourire étira les lèvres de la magistrate.

14 h

Xavier

Xavier Guilbaud se réveilla à 14 heures de fort méchante humeur, avec une gueule de bois qui lui donnait envie de se tondre les cheveux par l'intérieur du crâne. Il n'avait pas pensé à tirer les rideaux de la chambre et le soleil lui éclaboussait la paupière droite, lui vrillant le cerveau. Il se débarrassa de sa chemise et se glissa sous le jet brûlant de la douche. La tempête faisait rage sous son crâne, étouffée par la vapeur. Il reprit peu à peu ses esprits.

Les souvenirs de la soirée lui revenaient. Son triomphe à l'élection du président de la Chambre régionale des notaires. Il avait prononcé un discours émouvant sur le rôle du notaire dans la société, trait d'union entre l'Etat et les citoyens, sa fonction de conseil, toujours sincère et avisé, sa nécessaire probité et sa grande force morale. Il avait adoré se tenir derrière le micro, sachant qu'il devenait, lui, le patron de tous ses estimés confrères. Il se sentait puissant, invincible. Il avait fini la soirée dans des bars, à draguer des pouffiasses.

Tout à coup, il se rappela que Jeanne n'était pas là. Cette salope n'avait pas voulu participer à son triomphe. Il avait fallu inventer un mensonge, dire qu'elle était soudainement indisposée, laisser planer le doute d'une grossesse pour laquelle tout le monde aurait de l'indulgence. Il avait peut-être un peu abusé dernièrement, mais, franchement, elle avait dépassé les bornes – pourtant, elle savait bien qu'il avait, comme tous les hommes, son point de rupture. Pourquoi s'entêtait-elle à sans cesse le pousser dans ses retranchements, jusqu'à ce qu'il n'ait plus d'autre choix ? Il finissait par se dire qu'elle aimait ça, sinon elle aurait agi différemment.

Elle reviendrait. Elle revenait toujours. Il allait lui jouer le numéro habituel des larmes, du manque, de sa place auprès de lui, et elle reviendrait. Elle était la femme qu'il lui fallait, la femme de sa vie, même si elle n'était pas toujours très obéissante. Elle était folle de lui, comme lui était fou d'elle. Il allait faire un tour chez Cartier, lui trouver un petit cadeau pour fêter sa présidence. Bien sûr, il faudrait la corriger un peu pour lui avoir fait défaut et l'avoir forcé à répondre à des questions déplaisantes sur son absence. Il pourrait peut-être la bourrer un peu plus fort que d'habitude. Il devait se maîtriser un peu mieux, de son côté. Oui, il la punirait en la prenant par le cul. Elle n'aimait pas trop ça.

La queue gonflée, Xavier sortit de la douche et attrapa la serviette. Tout se goupillait à merveille. Il avait la femme qu'il lui fallait, la position sociale qu'il lui fallait, et, avec le legs d'Anne à la Fondation, l'argent allait réellement couler à flots.

Il enfilait son caleçon lorsque la porte d'entrée de sa maison explosa.

14 h 17

Céleste

Céleste, qui s'était fait grossièrement dessiner un plan des lieux par Jeanne, se précipita dans le couloir vers la chambre principale, suivie par Ithri et trois policiers du service recrutés à la hâte. Elle se trouva nez à nez avec le notaire, en caleçon, les cheveux encore dégoulinants d'eau.

Il avait une sale tête. Les yeux injectés de sang, de larges cernes, la peau des joues qui pendait sur ses mâchoires. Le reste de sa personne, habituellement masquée par des costumes de couturier, ne valait guère mieux. Une peau blanche comme un ventre de poisson, de la chair flasque, des poils noirs et hirsutes qui surgissaient de son torse. On était loin du notaire fringant rencontré quelques jours auparavant.

— Qu'est-ce que vous faites ? glapit l'homme, désarçonné par l'irruption de la policière, dont les yeux arrivaient à hauteur des siens.

— On a frappé, mais personne n'a répondu. On a dû enfoncer la porte, répondit Céleste d'un ton calme.

— Mais… mais ce n'est pas vrai !

— Nous intervenons sur réquisition de la procureure Destouches et venons procéder à une perquisition de votre domicile, en particulier le coffre qui se trouve dans votre bureau, vos deux téléphones mobiles et votre ordinateur portable, que nous saisissons.

Le ton de Céleste, glacial, restait professionnel. Elle aurait voulu lui démonter la tête, pourtant. La lui enfoncer dans les toilettes, tirer la chasse d'eau et voir s'il se noierait. Elle ne fit rien de cela, même si elle était persuadée qu'il méritait bien pire, se contentant de lui présenter la paperasse et de lui expliquer qu'il était placé en garde à vue.

Les hommes qui s'en prennent à leur compagne sont généralement impressionnables, avait remarqué Céleste, pour peu qu'on parle leur langage : celui de la force. Elle avait laissé Jeanne avec Marie. La magistrate avait l'air d'avoir la tête dans du coton et, après qu'elle eut raconté les sévices récemment subis, Marie avait décidé de l'hospitaliser en observation pour au moins la journée. Le clin d'œil qu'elle avait lancé à Céleste était rassurant.

Quémeneur, quant à lui, avait récupéré de sa brusque perte de connaissance et il avait rugi au téléphone en apprenant les derniers développements de l'enquête. Il avait fallu toute la fermeté de Céleste pour qu'il ne participe pas à l'interpellation du mari de sa nièce. Il venait de découvrir l'ampleur de ce que subissait la magistrate et rien ne lui aurait fait plus plaisir que de déchiqueter le visage de Guilbaud avec les dents. Quémeneur avait consenti à rester en retrait et à organiser une mise en scène destinée à impressionner le nouveau gardé à vue.

Placé dans un bureau à côté d'une salle d'interrogatoire d'où provenaient des cris alors que son avocat se faisait attendre, assailli par la migraine, le notaire n'était pas en état de résister très longtemps à la pression psychologique d'une audition en garde à vue. La menace de laisser fuiter son nom et les circonstances entourant son arrestation finit d'emporter sa décision. Arrivé au bout d'une heure d'attente pénible, son avocat, qui n'avait que le droit d'assister à l'audition sans intervenir, roula des yeux, mais cela n'arrêta pas son client. Il allait parler.

Anne

Lorsque nous rentrons toutes les deux de la gendarmerie, moi muette et Paola rouge de colère et de tristesse, nous tombons sur Xavier en tenue de jogging. Il s'arrête, guilleret, sautillant sur place. Je baisse la vitre, pétrifiée. Je lui en veux de son sourire, de sa légèreté. Je sais déjà que tout cela me fuira le reste de ma vie. Où était-il, hier soir ? Tout est flou dans mon esprit, comme si j'avais traversé un long banc de brouillard. Xavier m'avait donné la dose habituelle. J'avais bu un peu. Je n'aurais pas dû.

J'ai jeté un coup d'œil à Paola. Pourvu qu'il ne parle pas. J'ai croisé son regard. Il s'est pincé les lèvres en signe de silence et j'ai acquiescé, mais très, très faiblement. Paola n'aime pas Xavier, je ne sais pas pourquoi. Elle trouve toujours le moyen de le faire sortir quand il vient me rendre visite dans la cuisine. Pourtant, Xavier est de basse extraction, comme elle. Ils devraient plutôt se serrer les coudes, non ?

Je fais tourner mon nin-nin entre mes doigts. Avec le temps, il est devenu grisâtre. Paola l'a rapiécé plusieurs fois, mais il a perdu de son rembourrage.

— Ça ne va pas ? a demandé Xavier.

Une grande chaleur m'envahit. Mes bras pèsent des tonnes, et je ne parviens toujours pas à parler. Paola braque obstinément les yeux de l'autre côté.

Je ne peux pas lui dire.

On m'a violée. Je me suis débattue. On m'a emmenée jusque chez moi. Il y a du sang qui coule entre mes jambes depuis des heures.

Je crois que je vais disparaître.

Xavier jette son vélo par terre, ouvre la portière. Il était temps. Je bascule. Tout tourne autour, je suis à la fois très lourde et très légère. Les mains de Xavier me retiennent et me déposent sur le sol de l'allée.

Paola a dû réagir, mais je ne me souviens de rien, juste d'une sensation de flottement et d'humidité, le gravillon mouillé de l'allée sur ma joue. Je vomis. Xavier me dit : « Tourne ta tête, tourne bien ta tête. » Il a les mains moites et je sens son haleine. L'oignon, les dents sales. Je vomis encore. J'ai mal. Ça se contracte, ça brûle, ça déchire. Ça dure longtemps.

J'entends une sirène, j'entends des voix calmes et fortes, je sens des bras qui me tiennent, on me pose sur quelque chose, ça roule, et je me retrouve enfermée dans le camion des pompiers. J'essaie d'ouvrir les paupières, je n'y arrive pas. Une main presse la mienne. Rugueuse, la peau épaisse. Paola. Chère vieille Paola. Je lui pardonne de ne pas aimer mes amis, parce qu'elle est là, parce qu'elle est toujours là. Et puis je me sens partir.

Je me réveille dans un monde blanc qui sent le désinfectant. Il y a des machines qui bipent, des gens qui vont et viennent dans un bruit de flap-flap. La réalité m'explose en plein visage, me saisit à la gorge, s'enfonce dans mon ventre. Ce n'était pas un cauchemar ? J'essaie de bouger les bras, mais ils sont attachés et je ne parviens qu'à créer un bruit de cliquetis. Je n'ai pas mal, mais quelque chose obstrue ma gorge, je sens la panique m'envahir et, dans le même temps, une main douce qui saisit la mienne. On m'explique que je suis attachée par sécurité, juste pour éviter une crise de panique. On me demande si j'ai mal. On m'explique que je vais pouvoir être extubée, que ça ne fait pas mal et que ma mère m'attend dans ma chambre.

16 h 23

Xavier

— Anne était malade, dit Xavier. Elle souffrait d'une maladie irréversible, la maladie de Charcot, qui paralyse progressivement tous les muscles. Son espérance de vie ne dépassait pas quatre ans, dans le meilleur des cas. Elle est venue me trouver pour m'expliquer cela il y a six mois. Nous avons créé la Fondation, j'ai proposé de la présider après elle, parce que je connaissais bien la population dont elle s'occupait. Je suis né pauvre, voyez-vous. De parents alcooliques qui ne subsistaient que grâce à la charité publique. Elle a accepté. Puis elle est revenue il y a trois semaines, très agitée. Elle avait maigri, elle m'a dit que c'était la progression de la maladie. Elle voulait changer son testament et elle avait besoin que je l'aide à mourir. J'ai refusé. Je lui ai conseillé les associations d'aide au suicide qui existent en Suisse, mais elle y avait déjà pensé. Sa maladie n'était pas assez avancée pour qu'ils acceptent d'intervenir, m'a-t-elle dit. Elle a insisté. J'ai tenu bon. Nous avons fini par trouver un terrain d'entente. Elle avait simplement besoin que je fasse en sorte que son suicide n'ait pas l'air d'en être un, afin que son dernier testament soit annulé. Sur le moment, je n'ai pas compris. Pourquoi faire un testament qui serait annulé ?

Le notaire se tortilla sur sa chaise et se frotta la barbe du plat de la main. Son avocat était le bâtonnier de l'ordre des avocats, son alter ego chez les avocats, en quelque sorte. Céleste n'avait pas retenu son nom, mais trouvait qu'il avait la tête de l'emploi. Massif, les cheveux blancs, l'œil vif, aussi silencieux qu'attentif à tout ce que son client pouvait dire.

— Je peux avoir un autre verre d'eau, s'il vous plaît ?

Ithri versa de l'eau dans le gobelet en plastique que le notaire avait déjà vidé deux fois.

— Décrivez-moi votre participation, demanda Céleste d'un ton peu amène.

— Je me suis occupé de faire repeindre en beige une vieille Porsche. Je me suis rendu chez elle dimanche soir, avec une clé qu'elle m'avait fournie. J'ai retiré la seringue de kétamine qu'elle s'était injectée, le verre dont elle s'était servie pour prendre ses comprimés d'aconitine et je l'ai remis en place. C'est tout.

— Comment savez-vous que c'était de la kétamine ?

— Elle me l'avait dit.

— C'est vous qui l'avez fournie ? demanda Ithri.

Xavier haussa les épaules, mais ne put s'empêcher de jeter un regard vers son avocat.

— C'est ça, la seringue qu'on a trouvée dans votre coffre ?

Xavier eut un petit rire moqueur.

— Absolument. Vous trouverez les empreintes d'Anne dessus et certainement son ADN.

— Qu'est-ce qui me dit que ce n'est pas vous qui avez actionné le piston ?

Le notaire plissa les yeux.

— Je n'étais pas là. Je n'avais aucun intérêt à la mort d'Anne et vous le savez.

— Bien sûr que si. Vous auriez eu accès à l'argent de la Fondation.

Céleste croisa les bras sur sa poitrine et considéra le notaire, le dominant de toute sa haute taille.

— J'ai besoin de votre emploi du temps précis entre samedi midi et dimanche matin, monsieur Guilbaud.

Le notaire jeta à son avocat un nouveau coup d'œil qui n'échappa pas à Céleste. Il soupira. Céleste le sentit hésitant.

— Vous savez bien où j'étais, finit-il par laisser tomber.

L'avocat leva la tête de son bloc-notes et fixa Céleste d'un air interrogatif. Celle-ci eut un petit sourire en coin.

— Malheureusement, je n'ai aucune déposition exploitable. Pourriez-vous détailler votre emploi du temps, s'il vous plaît ?

La température de la pièce monta d'un cran. Guilbaud ne changea pas de posture, mais sa respiration s'intensifia. Céleste ne le quittait pas des yeux. Elle paria avec elle-même qu'elle pourrait le faire sortir de ses gonds.

— Alors, votre emploi du temps ?

Comprenant à demi-mot le manège de la capitaine, Ithri referma son ordinateur pour dévisager le notaire.

— Où étiez-vous entre samedi après-midi et dimanche matin ? Que faisiez-vous ? Avec qui étiez-vous ? Alors, monsieur Guilbaud, où étiez-vous samedi soir ? Que faisiez-vous ? Maître, continua-t-elle en s'adressant à l'avocat, où se trouvait votre client, samedi soir ?

Guilbaud la fusilla du regard. L'avocat ouvrit la bouche, sans doute pour dire qu'il n'en savait rien, mais Céleste le fit taire d'un geste.

— Ne dites rien, vous n'avez pas le droit d'intervenir.

Elle approcha son visage de Guilbaud.

— Alors, maître, où étiez-vous samedi soir ?

Le notaire baissa les yeux sur ses genoux.

— Je vais répondre à votre place, si vous ne voulez rien dire. Votre téléphone nous indique que vous avez quitté le centre-ville de Nantes à 18 h 30.

— Mon étude.

— Qui n'est pas très éloignée du domicile de Mlle Arnotte. Vous avez facilement pu vous y rendre à pied.

— Consultez la vidéosurveillance. Je suis resté à l'étude jusqu'à 18 h 30, après quoi je me suis rendu… à Saint-Erembert, où je réside. A près d'une demi-heure de route de Nantes.

— Est-ce que vous avez des témoins pour corroborer vos dires ? Qu'est-ce qui nous prouve que vous aviez votre téléphone avec vous, que vous n'avez pas emprunté des rues sans vidéosurveillance ?

Le notaire releva la tête d'un air mauvais. Sans crier gare, il sauta sur ses pieds et lança son poing vers l'estomac de Céleste. Par réflexe, elle dévia le bras de Xavier qui, emporté par son poids, partit vers l'avant.

Elle l'attrapa à la gorge, se pencha sur lui et appuya son autre main sur son visage pour le faire tomber au sol.

Il s'effondra avec un cri de douleur.

L'avocat s'apprêtait à parler, mais Céleste, une fois encore, ne le laissa pas prendre la parole.

— Vous ne pouvez pas intervenir, maître. En revanche, vous êtes témoin d'une agression sur un officier de police. Alors, maître Guilbaud, allez-vous vous décider à nous répondre ?

— J'exerce mon droit à garder le silence, finit-il par cracher.

Céleste n'en attendait pas tant.

— OK, c'est votre droit. Vous avez été vu samedi soir dans une maison située au 36, impasse des Palombes, à Saint-Erembert. Vous confirmez ou vous infirmez ?

Un cri de rage ponctua la phrase de Céleste.

— Il nous a été rapporté que vous participiez à une soirée échangiste, vous confirmez ou vous infirmez ?

Ithri s'était astreint à lire les statuts du fonds de dotation Bellanger. Cachés dans un article anodin, ils excluaient de la présidence toute personne ne respectant pas un code strict de moralité. Etait-ce le dernier tour d'Anne Arnotte pour s'assurer que sa fortune continuerait de servir le Foyer et le Bercail ?

— Vous le savez, vous le savez bien, que j'y étais, finit par admettre le notaire. Demandez à ma femme, on ne s'est pas quittés de la soirée.

Céleste haussa les épaules.

— Malheureusement, nous n'avons trouvé aucun témoin qui puisse nous assurer que vous étiez là-bas. Tout le monde portait un loup, à cette soirée, nous a dit l'organisatrice. Impossible de distinguer un homme d'un autre.

— Ma femme ! Demandez à ma femme ! Elle vous le dira !

— Ses souvenirs sont confus. Elle pense qu'elle est droguée à son insu depuis des années. Nous allons faire analyser ses cheveux. En revanche, nous avons retrouvé des empreintes qui vous appartiennent dans la voiture flashée à proximité du domicile de Mlle Arnotte le soir de sa mort. Ainsi que son téléphone portable et son ordinateur dans votre coffre-fort. Vous auriez dû penser à vous en débarrasser.

— Mais… mais c'est impossible, vous le *savez*. Vous *savez* que je ne suis pour rien dans la mort d'Anne. Jeanne témoignera.

Céleste soutint sans répondre le regard du notaire. Sans doute, elle *savait* que le notaire n'avait pas tué Anne Arnotte. Il était trop lâche pour ça. Que faire lorsque la justice est impuissante ? Il reste la vengeance.

Céleste n'avait aucun état d'âme en quittant la salle d'interrogatoire. Que le notaire croupisse quelque temps en détention préventive, en attendant que la justice l'innocente. Cela compenserait ses crimes impunissables.

Epilogue

Dimanche 2 juin

11 h 23

Céleste

— Alors c'est tout ? demanda Marie en retournant la côte de bœuf qui grésillait.

Céleste avait invité Ithri à se joindre à Jeanne, Marie et leurs deux filles pour célébrer la fin de l'enquête, bien que le terme *célébrer* fût parfaitement inapproprié.

Debout, une bière à la main, Céleste secoua tristement la tête. Ils étaient réunis autour du barbecue. Ithri, habillé comme un jour de semaine d'un pantalon et d'une chemise en lin, avait poliment refusé la bière que Céleste lui avait proposée, mais accepté avec empressement un verre de coteaux-de-l'aubance, un vin de dessert local qui ravissait les papilles de Marie. Jeanne avait abandonné son tailleur pour un short et un tee-shirt prêtés par Emma. Des bleus maculaient ses jambes et ses bras comme autant de taches. Ils finiraient par disparaître, mais dans l'esprit de Jeanne ils seraient indélébiles. Comme l'avait été le viol d'Anne, dont le traumatisme avait été si profond qu'il avait transformé sa vie en naufrage. Presque instinctivement, Céleste toucha ses cicatrices.

« Ton traumatisme ne partira pas et tu n'oublieras rien, avait dit Marie en lui caressant pensivement le dos de la main. Tu n'as pas besoin de te le jeter au visage tous les matins et tous les soirs. Prends du répit là où tu en trouves. »

Jeanne était venue dormir chez elles. Céleste la contemplait depuis le matin avec un pincement au cœur, sachant que son rêve d'une histoire commune avait été enterré par la vie qu'elle s'était construite et qui ne méritait pas qu'on la mette en péril.

La question de Marie la prit au dépourvu. Elle but une gorgée au goulot et répondit :

— Oui, c'est tout. C'est moche et misérable. Anne Arnotte a été détruite, psychologiquement, par le viol qu'elle a subi de Killian Troarec. Sa mère n'a pas supporté la honte qu'il jetait sur la famille et a écarté sa fille de sa vie. Anne Arnotte ne s'en est jamais remise. Elle a cherché sans relâche son agresseur, avec les maigres indices dont elle disposait, en développant des troubles par ailleurs.

Marie hocha la tête.

— C'est un syndrome de stress post-traumatique particulièrement aigu, et non traité.

— Le médecin suisse aurait pu, non ?

Ithri s'était joint à la conversation. Son verre de vin miroitait au soleil.

— Peut-être, répondit Céleste. Mais il a dit qu'elle refusait de parler. On ne sauve pas les gens malgré eux. Elle s'est renfermée sur sa souffrance, son malheur, et s'est autodétruite de la manière dont on l'avait détruite, par des violences sexuelles.

— Et ensuite, elle a développé une maladie incurable qui la condamnait à mourir dans d'horribles souffrances.

— Elle a préféré se suicider.

— Et entraîner dans sa chute l'homme qu'elle cherchait depuis des décennies. Pourquoi est-ce qu'elle n'est pas allée elle-même le tuer ? demanda Marie.

— C'est difficile de tuer un homme, répondit Céleste avec une douceur qui fit monter des larmes dans les yeux de sa femme. Il ne faut pas seulement de la haine. Il faut aussi de la rage.

Jeanne n'avait rien voulu boire. Les bras croisés, elle se mordait la langue d'un air songeur. Bien que cela lui répugnât, elle avait décidé de témoigner le lendemain matin pour disculper Xavier. Marie lui avait proposé de rester quelque temps chez elles et elle songeait à accepter.

— Anne Arnotte n'a vécu que pour se venger de son agresseur et, lorsqu'elle a enfin réussi à mettre la main dessus, elle a imaginé un piège qui devait l'envoyer en prison pour la fin de ses jours, probablement comme elle s'était sentie emprisonnée par son viol. Elle a utilisé son dealer. Elle connaissait ses travers, lesquels l'excluaient de facto de la présidence de la Fondation, grâce à la clause de moralité.

— Et ça n'a pas marché uniquement parce que Jeanne a parlé ? demanda Marie.

— Jeanne a été le grain de sable dans les rouages. Même les plans soigneusement élaborés ne sont pas à l'abri de la vie.

— De la vie ?

La viande répandait une odeur chaude et réconfortante et Céleste sentit son estomac gronder.

— La vie, répondit-elle. Tout ce qu'on a planifié et qui ne se déroule pas comme on le souhaitait.

Marie donna à Céleste une grande fourchette en lui désignant du menton la viande. Céleste l'enfonça dans la grillade, qu'elle déposa dans le plat.

— Je me demande s'il n'y a pas des gens qui sont maraboutés, fit remarquer Ithri.

Les deux femmes lui lancèrent un regard surpris.

— Quand on y pense, expliqua le jeune homme, elle a eu une vie triste du début à la fin. Sa mère, son éducation, un viol, et, au lieu de lui faire justice, on lui interdit de parler. Il ne faut pas s'étonner qu'elle se transforme en Dr Jekyll et Mr Hyde. Et pour finir, elle n'a même pas une mort paisible. Au moins, elle est vengée, avec la mort de Killian Troarec.

— Ça n'aura apporté de paix à personne, dit tristement Marie.

Elle leva son verre avec un sourire sans joie.

— A Anne Arnotte, puisse-t-elle reposer en paix. Et à Killian Troarec, puisse-t-il pourrir en enfer.

Le timing du SMS reçu par Céleste n'aurait pu être mieux étudié. C'était Inès Fauré.

Père Lucas retrouvé pendu. Il y a une lettre pour vous. Venez.

Le corps du père Lucas se balançait mollement sous le chêne qu'il avait choisi pour mourir. Il avait revêtu sa soutane et ganté ses mains. Céleste évita de regarder son visage, qu'elle aurait probablement trouvé bleui, les yeux exorbités, les oreilles et les lèvres violettes.

Marie les avait accompagnés pour constater la mort ou le réanimer avant même que les équipes du SAMU n'arrivent sur place.

— Pauvre homme, souffla Ithri. Il n'a pas supporté la mort de son amie, vous croyez ? Il avait l'air de lui être très attaché.

Les cheveux répandus sur son épaule, vêtue d'une jupe d'été qui dévoilait ses longues jambes, Inès sanglotait, adossée au tronc, un mouchoir dans les mains. Un peu en retrait se trouvait un homme d'une cinquantaine d'années qui la couvait des yeux en silence. Rien n'aurait pu être plus incongru que cette femme somptueuse et court vêtue effondrée sous le corps pendu d'un ecclésiastique en noir.

Céleste songea qu'Inès n'était pas épargnée par le destin, elle non plus. Dans toute cette histoire, Anne avait semblé être le roc et Inès le stuc, une roche tendre sculptée par son mari, son amie et les circonstances du destin, et pourtant c'est elle qui restait debout.

De la main, Inès désigna une enveloppe coincée sous une grosse pierre.

— Je n'ai touché à rien, dit-elle. J'ai reçu un SMS où il me disait de venir. Qu'il me demandait pardon.

Céleste ouvrit l'enveloppe. Il y avait à l'intérieur un feuillet manuscrit, couvert d'une écriture régulière.

Au capitaine de police Céleste Ibar

Capitaine,

Les horreurs qu'Anne a attribuées à M. Troarec, c'est moi qui les ai commises. J'étais jeune, plein de colère d'avoir été rejeté, rendu fou par les drogues que j'avais avalées ce soir-là. Je ne savais pas que la kétamine pouvait générer des psychoses. Anne en prenait depuis quelques années, et ça la rendait juste euphorique et drôle. Mes souvenirs sont confus. Je me souviens d'avoir lutté contre un démon pour la gloire de Dieu, mais Xavier m'a avoué nous avoir découverts, Anne et moi, elle couverte de sang et moi armé d'une batte sanglante. Il m'a dit qu'il l'avait enveloppée dans une couverture et qu'il avait caché la batte. Troarec, le copain de promo qui m'avait amené à la fête, avait surgi à un moment. C'est lui qui avait porté Anne dans la voiture de Xavier. Xavier lui avait dit de me ramener, que j'avais trop bu, moi aussi, et pris des substances. Qu'il ne fallait rien dire, sans ça ma carrière de militaire serait finie.

Comme Anne ne répondait pas à mes appels, j'ai téléphoné à Xavier. Il est venu me voir. C'est là qu'il m'a expliqué ce que j'avais fait. Il m'a dit qu'il avait gardé la batte, aussi.

Je n'ai plus jamais eu de nouvelles d'Anne. J'ai appris qu'elle avait disparu, puis qu'elle était en Suisse. Elle n'a jamais répondu aux lettres que je lui ai écrites chez ses parents.

Je me suis puni aussi durement que je pouvais, je l'affirme devant Dieu. Chaque jour, j'ai expié, chaque jour je me suis flagellé. J'ai décidé de vivre, de faire de ma vie une offrande à l'humanité et à Notre-Seigneur. Je suis allé là où personne ne veut aller, j'ai aidé les plus miséreux, les plus misérables, les plus torturés. Je suis presque mort en Afrique.

Quand Anne est revenue dans ma paroisse, lorsqu'elle est apparue si souriante, si rayonnante, si généreuse, j'ai cru que Dieu m'avait pardonné ce que je ne me pardonnerais jamais. Elle me montrait le chemin de la compassion et de la résilience, parlant aux détenus auxquels personne ne veut parler, accueillant les SDF pour leur offrir du pain et un toit.

Je me suis appuyé sur sa force, j'ai bu sa joie de vivre.

Je demande pardon.

Je demande pardon de ne pas avoir vu.

Je demande pardon d'avoir cru qu'elle avait pu surmonter ce que je lui avais fait subir.

J'étais trop lâche pour lui parler, pour lui demander réellement pardon. J'avais honte, honte de la folie et de la violence qui s'étaient emparées de moi.

Je n'ai plus jamais touché de femme. Le reste de ma vie a été dédié aux autres.

Je vous demande pardon à tous. Je n'ai jamais voulu tout ça.

Je sais que la justice ne me condamnera pas pour mon péché, parce qu'il est prescrit.

Je choisis de me soumettre à la justice de Dieu, de me placer en état de péché mortel et d'expier pour l'éternité.

Remerciements

L'écriture est une aventure solitaire, mais il faut bien plus qu'un travail d'écriture pour aboutir au livre qu'on tient entre ses mains. Il faut du cœur, des soutiens, des observateurs, des experts, des moments de répit, de l'espoir, et un peu de désespoir parfois.

L'aventure des *Beaux Mensonges* a été jalonnée de merveilleuses personnes à qui je souhaite adresser ma profonde reconnaissance.

Merci Alexandre, qui y croit depuis trente ans, merci Catherine et Clarisse, mes premières lectrices, pour leur franchise et leur bienveillante exigence. Merci pour toujours à Nathalie Théry et Sophie Lajeunesse, qui m'ont hissée en haut d'une marche dont je n'osais pas même rêver. Merci Carole, pour son enthousiasme communicatif et son inébranlable foi, merci Fabienne et Armelle, discrètes, et toujours présentes, merci Carine, pour avoir pris de mes nouvelles chaque semaine au moment où j'en avais le plus besoin, merci Rachel d'avoir eu le courage de revenir, merci Franck et sa connaissance automobile encyclopédique, merci Guillaume, qui a surgi dans ma vie pour y faire le zozo. Merci à mes parents, qui ont toujours fait au mieux et qui m'ont aidée à développer mon esprit critique et ma combativité. Merci Hélène, qui fut un jour ma Céleste, en ouvrant les portes de ma prison. Merci enfin aux Mordus de Thrillers, qui m'ont acceptée comme je suis, soutenue et supportée depuis plusieurs années maintenant.

Merci à tous mes illustres prédécesseurs, qui m'ont donné l'amour des histoires, d'Enid Blyton à Elizabeth George, de Marguerite Duras à Mo Hayder.

L'aventure ne fait que commencer et elle est terriblement excitante.

Cet ouvrage a été composé et mis en page
par Nord Compo à Villeneuve-d'Ascq

Imprimé en France par CPI
en janvier 2023
N° d'impression : 3051080

Pocket – 92 avenue de France, 75013 PARIS

S32703/01